Mon homme Sandy

James Bell Salmond

Writat

Cette édition parue en 2024

ISBN : 9789359947471

Publié par
Writat
email : info@writat.com

Contenu

PRÉFACE.

Ces croquis sont tirés d'une série écrite à l'origine à des fins journalistiques. Leur révision a rendu leur auteur vivement conscient de leurs défauts ; mais Bawbie et Sandy sont des personnages qui pourraient être complètement gâtés par le développement. Les croquis sont donc présentés tels qu'ils ont été hâtivement « frottés » pour une publication en série.

Les « foo », « far », « fat » et « fan » du dialecte Angus ont été transformés en « hoo », « whaur », etc., plus classiques ; sinon, les croquis restent sous la forme dans laquelle ils ont acquis une popularité tout à fait inattendue parmi les lecteurs écossais tant au pays qu'à l'étranger.

ARBROATH, N.-B. ,
avril 1889.

Je
Sandy échange son powney.

C'est un drôle d'être, mon homme Sandy ! Il a été créé, corps et esprit, selon un plan original. Il dit et fait une chose mortelle sur un système qui lui appartient ; Gairner Winton dit souvent que si Sandy avait été dans la lignée des maraîchers, il aurait cultivé ses choux avec les stocks sur le sol, juste pour qu'ils puissent prendre l'air sur leurs cultures. C'est juste son truc, tu vois. Je ne voudrais pas le voir un jour avec 'Donal' Yokit dans le tattie-cairt avec sa tête sur le devant, et les obstacles sur lesquels sa tête devrait être. J'ai entendu Sandy dire qu'il avait l'idée qu'un cheval ruminait bien mieux que du caca ; et quand Sandy Ance a une idée jusqu'à sa mort, il y a une bête ou un corps qui doit en souffrir avant de s'en aller. S'il y a un fou qui fait quoi que ce soit, Sandy le trouvera inutile. Pendant des années, il lançait régulièrement la clé de l'écurie au-dessus du portail après avoir ramené Donal et le cairt. Lorsqu'il atterrit de nouveau, il escalada la porte pour récupérer la clé, et il remonta de nouveau et l'ouvrit par l'extérieur. Il michta portait la clé dans son chien ; mais que quelqu'un puisse faire ça ! Mais comme je le disais, c'est juste son truc.

" C'est exactement la forme prise par le péché originel dans le cas de Sandy", a déclaré le Gairner lorsque Smith et lui discutaient du sujet.

"Je ne connais pas le péché; mais c'est original, il n'y a rien à faire là-dessus", a déclaré le Smith.

Personne ne le sait mieux que moi, car j'en suis à la fin de quarante ans. Mais, toujours, c'est mon propre homme, le seul que j'ai jamais eu, et je le défendrai et je le tiendrai pendant que la lampe tient allumée, comme le dit le Psalmiste.

"Voyez si je peux dire mon géog, Bawbie", m'a dit Nathan l'autre jour, alors que j'étais dans le magasin. Il était resté assis près du bateau avec son livre chantant jusqu'à ce que lui-même à bord de Rooshya soit limité au nord par la mer Blanche, et au sud par la mer Noire, et d'autres ailleurs par la mer Blanche. Des montagnes toorales-orales ou quelque chose comme ça, et il est venu et m'a tendu son géog, comme il disait, pour voir s'il avait cette palabre sur la langue.

J'ai souvent réfléchi à l'utilité de Nathan de se précipiter dans les endroits les plus éloignés pour qu'il ne se trouve jamais à moins de mille kilomètres. Il connaît les détails de Valiparaiso, mais très peu de choses sur Bowriefauld. Quoi qu'il en soit, je suppose que Dominie Kens est la meilleure.

Nathan était juste occupé à me montrer l'endroit dans son livre quand il y a eu un terrible bruit dans la rue, et il s'est accroché pour voir ce qui se passait. Il pensait que c'était un mariage et qu'il y aurait peut-être une chance d'avoir quelques salutations à la porte. Quelle a été ma consternation quand les bruits et les cliquetis se sont arrêtés à la porte du magasin, et j'ai entendu la voix de Sandy rugir, "Way-wo, haud still, femme, wo-oo, d'accord !"

"Qu'est-ce que c'est que la face de la terre, non ?" me dis-je; et je vais à la porte. Sandy était allée à Munromont pour un tas de tatties. Quand je me suis dirigé vers la porte, il était là avec quelque chose entre les tiges de son fauteuil qui semblait avoir été frappé par une lumière à fourche.

"Qu'est-ce que tu as avec 'Donal', Sandy ?" J'ai parlé.

"Cadger Gowans et moi avons fait un échange", dit Sandy, grimpant à l'arrière du cairt et s'amusant autour des sentiers battus jusqu'à la tête du cheval.

"Wo, Princie", dit-il en lui caressant la main. "Wo, le bonnie laddie !"

Princie, comme il l'appelait, s'est promené dans un gley roond avec le blanc de son e'e qui garrait Sandy, gardant un guide à l'écart de lui.

"C'est une bête grandiose", dit-il en venant à mes côtés ; "Une grande bête ! Aux trois quarts élevés, et bientôt dans le vent et le vent. J'ai fait une super affaire avec lui. J'ai donné à Gowans Donal' et trente shillins, et il m'a donné un tortyshall. kitlin 'à la bute - la seule chose dans la campagne Il va le remettre le matin.

En tout cas, il n'y avait rien de mal dans le vent de Princie. J'ai vu ça en une minute. Il sifflait comme un lerik.

"Il prend un peu le vent quand il a un long rin", dit Sandy ; " mais ce n'est ni ici ni là. Il a un adolescent ou deux ans, et il est un peu vieux, et un petit spavie dans la jambe arrière ; mais j'éviterai cet animal de compagnie avec un guide . C'est une bête géante, je vous le dis !"

Sandy se leva et regarda d'abord le cheval, puis son cairt. "Il est très attiré par les roues", dit-il ; "Mais, mec, c'est une grande bête. Il est venu à Glesterlaw comme un oiseau. Il n'a jamais tourné un poil. C'est une grande bête."

"Il a tellement de jambes, Sandy ?" dis-je en regardant la grande, grosse brute à l'air déchiqueté. Il était tordu ici et là, et ses jambes cherchaient le monde comme des morceaux de tuyaux d'arrosage froissés. Le cairt semblait le faire monter, plutôt que lui-même. et il reposait ses jambes jetées à tout moment, juste comme un coq debout au milieu de la neige. "Vous avez laissé ce Billie chez les équarrisseurs de Glesterlaw, Sandy", dis-je, dis-je. "Je m'en fous, tu devras revenir pour l'y emmener avant lui ou tu seras un aulder."

"Tyach ! Haud ta langue", dit Sandy. "Parlez de choses, vous savez quelque chose qui se passe. Attendez jusqu'au matin. Vous verrez que je ferai le tour de mes tours et que mes tatouages seront livrés dans la moitié du temps. Je me débarrasserai de mes tatouages. et sois à midi, au lieu de sortir avec une brute paresseuse comme Donal, je te battras tout ce que tu veux, Gowans va ruiner son marché cette fois-ci, mais lui ; Je ne vais pas le récupérer, non, je vais aller voir et mettre Princie à l'écurie.

Sandy s'est dirigé vers les puits, mais il a bondi en arrière lorsque Princie a poussé un cri et a garé ses talons en jouant sur le corps du cairt.

"C'est ça la reproduction", dit Sandy, gaen de l'autre côté du cairt.

« Cela m'est venu comme le corps d'un cairt, aussi loin que je pouvais l'entendre », dis-je, dis-je ; mais Sandy ne s'est jamais amusée.

La brute avait un petit e'e dans sa tête. Il s'est retourné avec un air de végabon quand Sandy s'est approché. Il s'est levé sur le devant au bout d'un moment, et a donné une mésange aux rênes, et Princie a commencé à faire un peu de jeeg, garrin' Sandy s'incline sur le devant du coffre comme s'il était foo. Sandy lui a donné un coup sur les haies pour le calmer, mais oui, ses petits pieds ont joué au skelp sur le corps du cairt, jusqu'à ce que je pense qu'il n'aurait pas été mis en morceaux. Syne s'est réveillé, il est parti à plein régime tout d'un coup, avec Sandy qui rameait en marche parmi les tatties, et s'accrochait par les rênes, rugissant, "Wo! Haud still", et ainsi de suite. Depuis qu'il est arrivé au bout de la rue, il y avait une douzaine de gars derrière lui ; en criant : "Allez, les gars, et voyez la laiterie de Sandy Bowden. Par Crivens, il a acheté un cheval riche pour Donal, non."

Sandy n'est pas sortie de l'écurie avant onze heures, et je n'ai pas dit à un mair sur son cheval musclé. J'ai entendu le ministre dire que c'est l'inattendu qui se produit. C'est oui avec Sandy , je peux vous le dire. Je m'attends toujours à ce qu'il lui arrive quelque chose auquel je ne m'attends pas ; donc je trouve qu'il vaut mieux le laisser tranquille.

Le lendemain matin, il est parti tôt pour aller chercher Yokit, et il a emmené Bandy Wobster avec lui pour lui donner un coup de main. Il était deux fois frappé avant qu'il n'arrive à la porte du magasin avec le cairt, et lui et le cheval étaient en train de suer avant de se lancer dans ses tours. Sandy avait l'air d'avoir été élevée, alors je l'ai laissé mettre ses tatouages et je n'ai rien dit.

Stumpie Mertin est passé par là et, regardant Princie, lui a donné une griffe.

"Qu'est-ce que tu regardes?" dit Sandy jusqu'à lui, gey snappit genre.

"Comment as-tu eu ce radger affamé, Sandy ?" dit-il. "Cette bête n'est pas digne d'être lancée. La cruauté envers les animaux va vous mordre, car il est sûr que vous êtes un homme vivant."

"Faites attention, ils ne vous mordront pas, parce que vous avez une jambe large", dit Sandy, aussi élevée qu'une guêpe. "Awa'oot o'ça, et fais attention à tes bisous."

"Cela a été volé près d'une caravane de ménagerie", dit Stumpie; et il s'est mis à baiser comme s'il avait fait une grande blague.

Le policier est venu et s'est installé à dix mètres de Princie, a mis ses mains derrière son dos, s'est mis à l'écart comme s'il était parti pour mettre quelqu'un en fuite, et l'a longuement regardé. "C'est du clinker, Sandy", dit-il. "Ce Billie couvrira le terrain."

Je ne savais pas si le bobbie voulait dire rincer le sol, ou ne pas se couvrir après avoir été transformé en gooana ou en poussière de fléau ; mais j'ai vu le lancement dans sa manche pareil.

Gairner Winton est venu dans la rue en même temps, et Bobby et lui ont commencé à remarquer le cheval de Sandy.

« Une bête géniale, nae doot », dit le Gairner ; "Mais Sandy a mis très longtemps à l'acheter."

"Il est bocht lui gey sune, je pense", dit le policier. "Gin, il avait attendu quinze jours, il l'avait eu à Twintypence le Hunderwecht."

Sandy n'a jamais hésité à les entendre. Le cairt était prêt et Sandy s'est levée sur le devant et l'a démarré. A' gaed richt jusqu'à ce qu'il arrive à l'emprunt, quand Princie le démarre au trot. Le cliquetis des écailles à l'arrière du cairt l'a fait exploser, et il s'est mis en larmes, ses longues jambes flétries se balançant comme des cloots déchirés entre lui et le sol. De vieilles femmes attendaient leurs tatouages, et elles ont hurlé à Sandy de s'arrêter ; mais Sandy Cudna. Les tatouages fuyaient par la porte arrière du cairt, et les balances claquaient et vacillaient comme un tremblement de terre ; et il y avait Sandy, tête nue, jusqu'aux genoux , parmi ses tatouages, rugissant et rugissant, comme le capitaine d'une goélette qui roulait sur les rochers. Je le jure, Sandy a fait le tour de ses affaires et ses tatouages ont été livrés en moins de la moitié du temps qu'a pris Donal ! Les épouses et les garçons rassemblaient les tatouages en direction de Tutties Nook ; et gin Sandy est arrivé au jalon, son cairt était tume. À ce moment-là, Princie était assez gonflé, et il s'est effondré au milieu de la route, Sandy gaen catma ower le robinet de lui.

Donal est de retour jusqu'à son ancien travail ! Sandy a perdu trente shillins et un tas de tatouages sur la colline de Princie ; et quant au kitlin tortyshall, je n'ai jamais entendu ni vu d'indice ni de cheveux.

II.
SANDY COMMENCE À ÉTUDIER LA GÉOMÉTRIE.

"Mec, Bawbie, je pense que je verrai et que j'entrerai au Toon Cooncil un de ces jours", me dit Sandy l'un ou l'autre. "Moi et certains autres gars avons eu une petite dispute dans le lavoir cette nuit ou deux, et je vous le dis, je peux bavarder sur les questions publiques. ainsi que certains d'entre eux au Conseil. Je leur ai parlé un peu de la question de l'eau le soir de Setarday qui les a laissé bouche bée et Dauvit Kenawee a dit là-bas que je devrais voir et obtenir un ; J'ai entendu le comité de quartier et j'ai eu l'occasion de leur faire part de mes opinions. Ils ont dit que j'étais un spowter né, et qu'avec un peu d'entraînement, je pourrais parler à la moitié du conseil à la réunion. porte."

J'ai frappé Sandy en l'air pendant un moment, et en même temps j'ai frappé, "Oui, c'est juste ça, Sandy ; mais tu vas mibby g'wa' et tu prends ce tonneau de savon sûr, scraipit oot, et les wechts gi et un fil noir ; et nous entendrons parler du Toon Cooncil après la dune de votre guerre. »

"Oh, mais je vais m'en occuper, Bawbie", dit-il d'un ton vif; "mais quand même, un homme avec un cerveau dedans ne peut pas simplement être nourri avec du savon de sécurité et du plomb noir ensemble."

"Aïe," dis-je, "tu viendrais avec beaucoup d'hommes, même au Conseil des Toons. Quand tu veux une faveur, un peu de savon doux - bien que ce ne sont que des scraipins – c'est parfois une chose très pratique à avoir ; et si vous n'obtenez pas ce que vous voulez, vous pouvez caresser la syne de plomb noir. Il y a beaucoup de choses de ce genre qui se produisent, et je ne me trompe pas. " Il y a Beylie Thingymabob, par exemple, mais, en gros, ce n'est pas la question... "

"Ce que je disais", Brock dans Sandy, "c'est que quand un homme a la tête pleine de cervelle et qu'il travaille comme un bar, il doit avoir une occupation pour son intellect, ou ses facultés vont nous aider." Il y a Bandy Wobster, par exemple, qui occupe sa tête avec de la gomitrie et des triangles et des trucs comme ça, juste parce qu'il a de la cervelle dans sa tête, et il doit les occuper et pour quoi faire avec moi ?

"Gomitry et triangles !" dis-je. "Vous serez bientôt dans l'orchestre de flûtes, n'est-ce pas ? Eh bien, je vais vous dire ceci : je ne sais rien sur le gomitry, ou quoi que ce soit, mais si vous amenez quelqu'un, tes triangles ici, avec là ping-pinkey-pingin', je vais les caresser sur le syre ; c'est ce que je ferai. J'aime la musique de presque n'importe quel genre, je peux caresser le mélodien ou le . concertina ; mais ce truc de triangle, je n'aurais pas le truc. Vous pouvez dire à Bandy Wobster qu'il peut garder ses triangles pour que ses perroquets se balancent dessus. "

"Mais, Bawbie, 'oman", dit Sandy, "tu es juste en train de haiverin' straucht forrit. Ce n'est pas des triangles de fanfare de flûte, je veux dire ava. Ce sont les anes que tu vois dans les livres - des formes et des tailles, tu sais. Bandy a appris à les connaître quand il était en mer. Les marins apprennent à les connaître pour mesurer jusqu'où ils sont fragiles, vous savez, vous voyez, Bandy me dit que la gomitrie, c'est ce qu'ils peuvent faire ? le livre fu'o' triangles — est une excellente chose pour vous apprendre à parler ; et il a proposé de me donner une leçon ou deux.

"C'est à ce moment-là que Bandy aura son bavardage", dis-je. "Je pense, Sandy", dis-je, dis-je, "que tu as peut-être besoin d'apprendre quelque chose pour te tenir la langue. Tu as besoin d'apprendre quelque chose pour te tenir la langue. Je n'ai pas besoin d'apprendre à parler, sauf que ce soit pour parler de manière sensée ; et je ne suppose pas que la gomitry ne vous guidera pas dans ce sens, ce n'est qu'un pur travail de Bandy Wobster, en tout cas. ".

"C'est un truc que tu sais, Bawbie", dit Sandy. "Il y a mieux à Bandy que les animaux de compagnie, attention, je vous le dis. Il parlait à certains des exyems en gomitry de peur que rien, et, je vais swag, il a garé Cocky Baxter, l'ancienne dominie, grignoter ses friandises.

"Exyems!" dis-je. "Est-ce que c'est la même chose qu'exy-oey auquel nous jouions sur des sklates au skule ?"

"Non, non, non, non, non", dit Sandy. "Qu'est-ce que tu fais, Bawbie ? C'est un genre de chose différent ensemble. Le premier exemple est que tout ce qui est égal à la même chose qu'une autre chose, est égal à la chose qui est égale à la chose à laquelle les deux choses sont égales, tu sais, tu vois ?

"Pardon, Sandy," dis-je, "c'est encore plus que ça. Qu'est-ce que tu n'as pas dit ?"

"C'est aussi simple que deux fois plus de fleurs, Bawbie, si tu regardes", dit Sandy. "Si une chose est égale jusqu'à une autre chose, et que l'autre chose est égale à quelque autre chose qui est égale à la chose jusqu'à laquelle la première chose est égale, alors vous pouvez facilement voir que l'une chose sera égale à l'autre, comme Quant à l'autre chose, ils sont tous égaux jusqu'à ce que.

Je pensais que Sandy était en train de devenir un peu lichtwecht, vous le savez, car je ne pouvais ni faire attention ni suivre ses frères confus.

"Garde-moi, Bawbie, tu ne vois pas à travers ça ?" dit-il en me lançant un regard noir avec un regard bizarre dans les yeux. "Il y a trois bawbees ! Regardez maintenant, il y a les trois bawbees. Eh bien, en voici deux ici, et il y en a un là-bas. Non, celui-ci est égal à celui-là, et celui-ci ici est égal à celui-là. aussi ; de sorte que, quand ils sont égaux à celui-là, l'adolescent peut être égal à la dîme. Une chauve-souris aveugle pourrait voir que c'est fermé. "

Sandy s'est installé comme s'il allait payer un gros compte ou quelque chose comme ça, et, comme il avait une bite assez impertinente à côté, il dit : "Tu ne vois pas ?"

"Tu vois ?" dis-je, dis-je. "Qu'est-ce que les frères de Bender ne voient pas ? Et c'est ce que Gomitry vous apprend ?" dis-je.

"C'est ça", dit Sandy. "C'est le premier examen."

"Eh bien," dis-je, "il faut beaucoup de temps pour vous dire ce qu'un enfant à trois oreilles du GO va vous dire en un tournemain."

"Ah, mais c'est le rêve mental qui est la chose disponible", dit Sandy. "Ça t'apprend à parler, tu ne vois pas ? Si j'avais un aperçu de la gomitrie pendant un rien ou deux, et que j'avais des triangles de puckle et des grammes parilel dans ma tête, je serais apte à donner un scrieve sur la question de l'eau, ou sur les wadges des scafies, qui feront grincer des dents certains o'oor Cooncillers tordent leurs meuglements. Attendez de voir ! »

"Oui, Sandy," dis-je, "tu iras faire souper les porcs et tes autres travaux dune, et, comme on était là à dix heures, tu prendras un verre, avec beaucoup d'alcool. " Poivre dedans, et va dans ton lit. Les menthes à laver affectent ton système nerveux, je m'en fous, non, et je vois et je reste. "

Je pense que, remarquez, à mesure que le cratur était en colère, il voulait un pourboire en shillin.

"J'aimerais juste que vous entendiez tous les débats, et vous changeriez votre opinion", dit Sandy. "Bandy a promis de raconter quelque chose demain matin à propos du postylate de Gomitry. Je veux juste que tu l'aies entendu."

"Qu'est-ce qu'il y aurait à entendre à ce sujet ?" dis-je. "Ouais, c'est exactement le même; il est presque en retard."

"Quoi ?" dit Sandy, avec un regard enrouleur dans les yeux.

"Oou postier !" dis-je ; "Il est vraiment en retard. Vous entendrez souvent son sifflet dans la rue quand il sera dix heures du soir."

Sandy s'est précipité vers la porte, chuck-chuck-chuckin' jusqu'à lui-même comme une poule pointeuse, et je n'ai vu aucun indice ni aucun cheveu sur lui pendant plus de deux heures après. Mais à quoi vous attendez-vous ? C'est exactement ce que font ces hommes quand ils sont les plus touchés.

III.
SANDY ET LA CLOCHE DU DÎNER,

Craquez pour les vacances ! Je vous le dis, je préférerais faire une journée de lessive et de ménage, oui , et repasser et nettoyer après ça, plutôt que d'affronter des vacances comme celles que Sandy et moi avons eues cette semaine. Vacances! C'est un remontant, il n'y avait pas d'excursion spéciale à venir avec l'enterrement de Sandy. Si cet homme n'est pas tué avant longtemps , il se retrouvera parmi les anarkistes ou quelque chose du genre. Je vous dis qu'il est apte à tout.

Nous avons fait le voyage pas cher jusqu'à Edinboro, juste pour faire un petit tour dans la métropole, pendant que Sandy l'emmenait aux gens dans le train. Il m'a fait commencer deux à trois fois en disant que non ; Je pensais qu'il avait avalé son tuyau de pipe, il a fait un babillage.

Nous n'allions pas commencer avant qu'il ne commence avec ses bêtises. Il y avait une jeune Kimmerie et une Bairnie dans la voiture, et la craturie grat comme n'importe quoi. "Je me demande ce que je vais faire avec ce bébé ?" dit la jeune fille ; et Sandy, au milieu d'une dispute avec un autre cul d'un homme que les joueurs de cricket d'Arbroath pourraient lécher le meilleur club du pays, dit, plus impertinent comme la jeune fille, "Shuve't in ablo the seat ".

«Espèce de végabon sans âme», dis-je; « Honte à vous ! Donnez-moi le bairnie », dis-je ; et j'ai fait briller la craturie et je l'ai calmé.

Il n'y avait rien de plus absurde jusqu'à ce que nous arrivions à une gare de Fife portant un nom ressemblant à un "awfu". Je ne me soucie pas de ce que c'était, et je ne le ferai jamais, je suppose. Le chef de gare avait un affreux nez en roseau, des plus terribles.

"Est-ce que les fraises sont de la merde ici ?" » lui dit Sandy, dehors au vent ; et vous n'avez jamais entendu ce qui se lançait comme il y avait sur la plate-forme. Le visage du chef de gare est devenu aussi rose que son nez, et il a appelé Sandy pour un "whaups impertinent qui a jamais voyagé".

Sal, Sandy s'empilent jusqu'à lui, cependant ; et quand le train est reparti, les gens ont hurlé comme si c'était un mariage royal. Le chef de gare n'a fait aucun hurreh.

Gaen a commandé le Forth Brig, j'ai pensé que deux fois trois fois, Sandy serait à la fenêtre heid-lang. J'étais juste en cinq minutes avec lui et ses ongaens. Quoi qu'il en soit, nous atterrissons richement à Edinboro. Et quelle journée ! J'ai pensé que lorsque nous sommes arrivés à un hôtel de tempérance à la tombée de la nuit, j'avais une chance de trouver la paix. Mais ta langue ! Weesht! Je vais juste vous raconter l'essentiel de l'histoire, clairement et franchement.

C'était une soirée plutôt confortable, et nous avons eu une belle chambre propre, et une fois que tout a été arrangé, Sandy et moi sommes partis jusqu'à Holyrood, où la reine Mary s'est retrouvée. ses violoneux ont été tués, et John Knox l'a reprochée pour avoir agi comme un lien païen au lieu de la reine d'Écosse. Eh bien, il était très tard quand nous sommes rentrés à notre hôtel, et nous avons juste pris une petite collation ou un dîner, et nous sommes montés les escaliers. Nous étions trois marches plus haut. Nous nous sommes assis, et nous avons regardé le vent, car nous avons vu une langue qui dominait la ville, et c'était agréable de regarder les lumières scintiller et d'entendre les sons.

Twal heures chappit, et nous pensions qu'il était temps d'aller nous coucher. J'étais un autre, et Sandy était juste prête, quand il pourrait entrer avec son nichtkep. Il était dans le sac à main de Sandy et il l'avait laissé dans le hall. Sandy ne peut pas dormir sans son nichtkep, non, lui !

"Qu'est-ce que je vais faire ?" dit Sandy. Il était dans son long nichtgoon blanc, et il s'est dirigé vers la porte de la chambre et l'a ouverte. Il n'avait pas l'air bien, mais c'était aussi calme que la mort.

«Je vais m'en débarrasser», dit-il; "Un corps est couché. Je vais juste le faire , et je monterai mon parapluie et mon chapeau en même temps, de peur qu'ils ne le soulèvent. On ne peut jamais le dire."

Awa 'doou les escaliers qu'il a empruntés dans son lang nichtgoon, pour un' la terre juste comme une évasion de corps hors du kirkyaird. Il n'était pas là quand j'ai pensé que quelque chose allait arriver, et je me suis redressé en tremblant dans le lit.

Sandy s'est rendue dans le hall avec beaucoup d'argent ; et quelque chose était sombre, et tout comme la tombe. Il se précipita jusqu'à ce qu'il récupère le sac ; syne, il a cherché son chapeau de lum et l'a mis sur sa tête. Il a mis son parapluie dans son bœuf, et le sac à la main, puis il s'est promené autour de lui pour voir s'il n'y avait rien d'autre qu'il avait oublié. Par malheur, il est tombé sur la poignée de la clochette, et ne l'a pas soulevé, il y a eu un cri et un bruit qui ont touché le sens de la tête de Sandy, et ont réveillé la moitié du temps. fowk, c'est moi le putain. Sandy monta les escaliers jusqu'à ses talons ; et il était comme une image gey, avec ses longues queues de sark blanches fuyant dans les airs, un chapeau de lum sur sa tête, un parapluie dans son bœuf, le sac à la main, et la clochette du denier. " l'autre, cognant et " cliquetant " à un saut ilky. Cela aurait effrayé le diable lui-même. Ce vieux stupide avait eu tort de s'enfuir avec la cloche à la main.

Il y eut un cri au feu, et un cri au meurtre, et en une demi-heure, l'hôtel était aussi occupé qu'il faisait plein jour. Sandy a oublié le nombre d'escaliers qu'il devait monter, et il est tombé sur un vieux capitaine de vaisseau et sa femme, dans la pièce en dessous des étages. Cela les a vraiment paralysés lorsqu'ils ont vu Sandy arriver sur eux avec son carreau noir, son crétin blanc, son parapluie et son sac, et la clochette.

"S'il te plait, s'il te plait", rugirent le capitaine et sa femme, et Sandy se présenta à la porte. Awa' alang un passage qu'il a emprunté, fuyant comme un chasseur. Je l'ai entendu alors qu'il était en train de pleurer dans les entrailles mêmes de la terre : "Bawbie, Bawbie ! Oh, qu'est-ce que tu es, Bawbie ?"

"Qu'est-ce qu'il est, ou qu'est-ce qu'il se passe ? " J'ai entendu quelqu'un parler
.

"Gude Kens", dit une autre voix. " C'est sûrement un laitier avec les diables du sang."

"Laitier ! Que ferait un laitier avec un parapluie, un porte-bagages et un chapeau de lum ?"

Juste à ce moment-là, Sandy est venue s'enfuir à nouveau dans le passage, et à ce moment-là, les gens de l'hôtel étaient déjà dans les escaliers. Si seulement vous aviez vu la bousculade. Ils parcoururent les escaliers, les garde-manger, les tables inférieures ; les portes des chambres claquaient comme le tonnerre, et la cloche de Sandy sonnait comme si Gabriel avait perdu sa trompette. Vous n'avez jamais entendu un vacarme. Je l'ai vu monter les escaliers. L'escalier était plein de gens, un 'oot dans leurs nicht-crétins pour voir ce qui se passait ; mais, je peux vous l'assurer, quand ils ont vu Sandy venir s'enfuir, ils ont disparu. Six policiers ont pu les disperser si vite. Il est entré dans ma chambre avec une fessée et s'est drapé dans une chaise, juste oot o' pech.

"Oh, Babie, Babie !" il a crié, " donne-moi un verre. Prends ce parapluie ", dit-il en me tendant la cloche. "J'ai fui autour d'Edinboro avec rien d'autre que mon crétin, et mon père, et les cairters à charbon du royaume qui sonnaient leurs cloches à ma queue. Sic a wey o' je fais ! Ô mon cher ! J'aurais aimé être de nouveau là ! Ô mon cher ! »

"Ce n'est pas un parapluie, tu l'as fait tout à fait", dis-je. "C'est la dernière cloche que tu as fui avec ta main."

Sandy regarde la cloche ; et vous n'avez jamais vu un visage comme il le faisait. Il l'a vu tomber sur la cheminée avec un bruit semblable à un coup de tonnerre, et j'ai entendu une foule de gens se précipiter devant la porte de la chambre.

J'ai dit au propriétaire que la chose s'était produite, et le lendemain matin, à l'heure du petit-déjeuner, vous n'avez jamais entendu sic lancer. Et les gars applaudissaient Sandy sur le frisson ; et l'un d'eux dit : "Oui, mec, ce n'est pas beaucoup de gens qui prennent leur chapeau de lum et leur parapluie dans leur lit avec eux."

Mais le vieux capitaine était le roi parmi « eux ». Hoo, il a poussé Sandy à devenir somnambulashiniste ou quelque chose comme ça.

"Quand tu veux voler une clochette", dit-il à Sandy, "porte-la par la langue, mec. C'est plus sûr que ça. Les cloches et les petites sont de terribles mendiants quand leur langue devient basse."

Le capitaine a été emmené avec 'Sandy', et, remarquez, il a loué un taxi et a conduit Sandy et moi autour du toon. Il a dit qu'il était à Carnoustie et qu'il n'aurait pas de rendez-vous, mais que nous viendrions prendre une tasse de thé avec lui. "Et si vous attendez une nuit", dit-il, "nous serons très heureux. Et j'enchaînerai la clochette du chien dans la chatte du chien juste pour cette nuit-là."

Oui, eh bien ! c'est bien de lancer non, quand c'est une fleur. Mais si vous aviez été à ma place, vous n'auriez pas pu lancer un muckle, je vous le garantis.

IV.
UNE PAROLE SUR LE CIEL.

Sandy a reçu une terrible dose de chaud la semaine dernière. Je ne l'ai jamais vu aussi mal. Il était au revoir au match de football mercredi dernier, et il n'a presque jamais été derrière la porte depuis le début. Il y avait un petit plook cam' oot juste abune sa patte à Setarday, et il pouvait mettre son chapeau de lum ; il a donc dû attendre un sabbat et il a passé toute la journée à lire "Power-fold State" et "Pilgrim's Progress" de Tammas Boston. Vous voyez, Sandy est un peu théologien, oui, quand il est en congé. S'il le garde avec un hôte ou un sair heid, Sandy prend juste une dose de médicaments et commence à se précipiter vers Bunyan ou la Bible. C'est une créature étrange à ce point-là, pour un personnage aussi halikit que lui.

Mais nous avions une sorte de kirk o'oor ain le jour du sabbat dans le forenicht, car Dauvid Kenawee est venu, et syne Bandy Wobster ; et ils n'étaient pas encore prêts quand ils étaient en compagnie de Jacob Teylor, le forgeron, et de Stumpie Mertin avec eux. Gairner Winton est venu voir ce qui était arrivé à Sandy, car il ne l'avait pas vu à l'église. Vous n'avez jamais vu sic un hoosefu' ! Sandy était assise au coin du feu avec un vieux manteau et un bonnet poilu, et leur saxophone est tombé à craquer, vous n'avez jamais entendu parler de cela. Vous pensiez vraiment que c'était une réunion du Presbitree – ils parlaient de cela ensemble.

"Et qu'était le ministre ce soir-là, Gairner ?" Je dis, dis-je, juste pour les empêcher de bavarder sur la politique, et ce genre de bêtises le soir du sabbat.

"Il a eu deux SMS ce soir-là, Bawbie", a déclaré le Gairner. "Il a pris les mots dans Second Rois, deuxième et onzième, et dans Luc, neuf et trente, et il en a fait une belle découverte, à propos d'Elie étant emmené au ciel dans le char de feu, et" Il est revenu cent ou mille années plus tard, juste le même billie alors qu'il s'en allait. Il a prédit que nous rencontrerions à nouveau quelques amis au paradis, et je les ai juste compris comme s'ils étaient. Je ne suis sorti que pour un cheenge depuis un moment."

"Je n'ai pas vue sur cette chose", a déclaré Bandy Wobster. "Il devrait croire que les gens ne deviennent jamais un peu plus vieux au paradis. La chose me semble ridicule. Elijah, mille années après avoir été arrêté, est revenu sans être un peu en colère. wey ou autre ; c'était son idée."

"C'est un sujet assez chatouilleux", dit le Smith; "Mais, mes amis, les gars, j'ai des discussions avec le ministre."

C'est un homme vraiment sympa, son cowshis, le Smith. Vous penseriez parfois qu'il est fait pour un ministre, il dit des choses si intelligentes ; et un corps se sent toujours mieux après une fissure avec lui.

"Vous voyez," poursuivit-il, "J'aimerais bien que ce soit l'un ou l'autre. Vous vous souciez de ma petite Elsie ? Puir ma fille, c'est... je vois ; oui, c'est deux fois que Mertimas a péché, elle Elle a été emmenée là-bas. Oui, mec, et elle a eu plus de cœur avec elle dans son petit cercueil qu'elle n'est partie après elle, Bawbie, comme vous le remarquerez, elle avait tout juste sept ans. passé quand elle était sortie; et quand je la reverrai, j'aimerais qu'elle soit juste la même bonnie bit lassokie qui est venue avec son chien cet après-midi de Setarday et m'a dit qu'elle avait une petite amie. — le henmist sair a toujours été là. Vous voyez, les gars, si Elsie grandissait au paradis, elle serait une femme d'à peine vingt ans cette fois, et elle serait la même pour moi maintenant. Et le Smith regarda au cœur du feu comme s'il avait teinté quelque chose ; et j'ai vu son remplissage.

"C'est aussi la raison pour laquelle le ministre regarde la chose, je pense", a déclaré le Gairner; "Mais je n'arrive pas à comprendre, je dois l'admettre."

« Il y a quelque chose dans ce que dit le Smith, » dit Bandy ; "mais s'il ne doit y avoir aucun aulder en croissance dans l'autre monde, il y aura des gens qui auront une grosse trauchle. Il y avait le bébé de Mysie Wilkie qui est devenu doun là-bas dans le prêt il y a quinze jours. Il C'était une cratur à l'allure puir wammily, et elle n'était que quelques jours quand elle a pris du poids et s'est fermée, juste dans un 'oor ou twa, puir cratur, elle n'a jamais été intelligente à l'époque, an. " Elle a suivi son bébé deux jours plus tard. Vous voulez me dire que Mysie " sera traînée pendant une " éternité avec " un peu de bairnie aucht jours auld, et " ça n'arrivera jamais même pendant toute la durée ". Tu es doakit, tu as grandi pour pouvoir prendre soin de toi ? Ce truc n'est pas rizzenable.

"Mais il y aurait beaucoup de petites filles pour donner un coup de pied à l'enfant dans un carrosse", dit le tailleur. "Je ne vois pas cette Mysie se faire rougir de son bébé pendant encore un an."

"Mais ce serait juste un dwang pour les filles, syne", répondit Bandy.

"C'est une chose à laquelle j'ai souvent pensé moi-même", dit Sandy ; " et la seule chose que je pouvais faire, c'était qu'un " corps au paradis " serait juste dans la fleur de l'âge. J'ai pensé en moi-même " que les hommes auraient, disons, environ trente-cinq ans. 'ear vieux, ou entre cela et' quarante ans, et' le weemin mibby fower ou cinq 'ear plus jeune.'

"Et est-ce qu'ils seraient d' une taille moyenne, à votre avis ?" dit Stumpie Mertin. Stumpie est tailleur, voyez-vous, et je suppose qu'il avait été en train de enrouler ses bottes comme il le ferait avec la mesure.

"Je ne peux rien dire sur la taille", dit Sandy ; "C'est la vieillesse dont nous sommes victimes à ce moment-là."

"Na, na , Sandy, tu ne feras pas ça," dit le Smith. "Il y aura des enfants et des vieux gens au paradis comme nous sommes ici. Les vieux gens ne recevront pas de dune ou de dotal, comme ce qu'ils font dans ce monde, sans dommage; mais il y aura des jeunes gens pour les guider. " Je pense que ce serait une bonne chose à faire, où personne n'était plus meilleur que son voisin, et où vous n'auriez jamais la chance de faire un bon tour à un ami. "

"Cela dépasse mon entendement", a déclaré le Gairner. "Mais beaucoup de gens pensent que ce sera un endroit difficile, où il n'y aura ni trahison ni problème avec quoi que ce soit ; mais je pense que nous devons juste prendre la Bible pour ça, les gars, et nous avons la foi que ce sera le cas." a' richt, quoi qu'il en soit. "

"Il y a cependant une chose que je ne veux pas dire au ministre en avril", dit le Smith. "Je n'arrive pas à imaginer l'idée de grandes bandes d'hommes branlants et de weemin qui passent une journée à ne rien faire d'autre que chanter des hymes. J'ai souvent pensé à ça, et en réalité, Sandy, je ne pense pas que je pourrais être Je serais heureux si je n'avais pas mon studio et mon marteau avec moi ; car je suis tout simplement mesquin quand je suis inactif. Quant à chanter, je ne peux pas chanter un seul clochard . pour des gens bien portants, il ne faut rien faire d'autre que chanter, chanter semaine après semaine, cela peut convenir à des litlans et à des copains de cent ans, comme Mertin ici, mais à des gens valides, avec leurs. facultés, je pourrais le faire pendant une semaine, mais encore une éternité.

Stumpie est un terrible copain poivré, et bien que le Smith ait lâché quand il a fait sa blague lors de la cérémonie du tailleur, Mertin s'est élevé comme une guêpe, et il a répondu en bavardant : « Vous serez peut-être mieux ailleurs. , avec votre vieux cheval, évitez-vous et votre petite puanteur, vous vieux acowder——"

« Toot, toot, Mertin ; je ne me mets pas en colère », dit le Smith. "Ce n'était qu'une blague, mec. Je ne sais pas si je serais à peine au bon endroit parmi les anges et sic comme des Billy . Mais je vous dis ce que c'est, je dois travailler pour vivre au paradis. comme nous, si jamais j'y arrive. Je ne pourrai jamais perdre mon temps en ne faisant rien et c'est pour cela que je suis en désaccord avec le ministre.

"Mais je pense qu'on nous dit qu'il y aura beaucoup de demeures", dis-je ; "Et il y aura sans aucun doute de nombreux types d'occupations aussi. Il y aura une chance d'être heureux d'ici là, je pense. J'aimerais seulement que nous soyons sûrs que nous y arriverions. là."

"Ah, Bawbie, ma fille, c'est pour ça que tu es plus géniale que toutes les cuillerées de o", dit le Smith. "Nous partons en vacances dans un endroit où nous n'arriverons peut-être jamais; et je pense qu'il vaudrait mieux que nous restions ici et faisons ce qui est juste et riche. Si nous Assurez-vous de cela, nous pouvons laisser le reste jusqu'à une main supérieure.

Maîtresse Kenawee a atterri pour voir ce qui était arrivé à Dauvid, et, mon cher, quand j'ai regardé le coup, ici, il était dix heures moins cinq. Nous avions discuté de ce sujet depuis l'éternité, que nous avions oublié depuis un moment ensemble.

V.
LE THÉ DE MAÎTRESSE MIKAVER.

Je vais faire des cadeaux, remarquez, mais les hommes ne sont pas loin quand ils disent que les wemin ont les langues les plus terribles . Dod , faites attention, mais c'est plus fort ; c'est plus fort !

Maîtresse Mikaver m'inviterait à prendre une tasse de thé de peur que Teysday ne se termine ; alors j'ai tendu mes mains et mon visage un peu dicht, et j'ai lancé mon crétin du sabbat, et je suis parti. Je suis tombé sur Maîtresse Kenawee sur la route, et, dès que nous l'avons atterri, il y avait une réunion de femmes comme ce que vous auriez vu un matin au Mur moussu avant que l'approvisionnement en eau ne soit installé à bord du toon.

Mysie Meldrum était là avec une robe à imprimé braw noo. Donne ta langue ! Cinq babbees par cour ! J'ai vu les moelles mêmes dans la venta de rappel de Hantin le drapier. Mais, ma foi, Mysie en était fière, et ce n'est pas une erreur. Il a été fait à la première mode, dessiné au plus haut, et frémit comme de gros jambons fumés, avec le petit visage de Mysie qui les regardait, comme si elle était assise dans un fauteuil démodé. Mais, bien sûr, je ne baigne jamais ma tête avec ce que les gens sont habillés.

Maîtresse Mollison était tout aussi variée que d'habitude. Elle s'habillait aussi bien que wudda à deux ou trois personnes, et elle était mal informée à ce sujet.

"Qu'est-ce qui va arriver à son jeckit de phoque ?" me dit Maîtresse Kenawee, avec un coup de coude, lorsque nous sommes allés au bord du bateau pour régler nos affaires ; mais je n'ai rien dit, car, en réalité, je pensais que Maîtresse Kenawee était tombée sicht elle-même. Il y avait une grande tresse noire qui pendait autour de la queue de son idiot, et la couture arrière de son corps était déchirée à deux trois endroits. Et à vrai dire, je n'étais pas très courageux moi-même. Je pense que c'est pour moi-même, comme j'ai entendu dire la femme des Gairner, que ceux qui ont des culottes déchirées feraient mieux de garder leur place.

La femme de Gairner Winton était là, l'air aussi heureuse et impertinente que d'habitude ; et Ribekka Steein est arrivée juste au moment où moi et Maîtresse Kenawee étions en train de nous embêter parmi les autres. Maîtresse Mikaver était tout à fait ma maîtresse, et elle courait autour de l'adolescent jusqu'à la dîme, juste terriple, impatiente de se faire plaisir, et de se rendre messable. J'ai pensé que la créature n'avait pas gaé heidlang à posséder certaines des statues sur lesquelles elle était assise ; mais elle s'en est sortie avec ses amies et le masque de thé sans aucun incident, et nous nous sommes mis autour de la table pour prendre le thé.

Maîtresse Mikaver n'avait pas le fromage de sa mère, et une nappe grossière, sa mère filait toujours, comme elle l'avait dit. Elle a un affreux hoosefu' o' stech, Maîtresse Mikaver ; appuyez après appuyez, et « kist après kist fu ». Je vous assure que la jeune fille qui élève le jeune Alek n'aura pas besoin de subvenir à ses besoins.

Elle avait quelque chose en bon état ; c'était un régal parfait de s'asseoir dessus ; et j'ai remarqué un braw noo pentin' o' le boulanger de scone accroché au chumla. Il a peut-être laissé un tas de bawbees, car je vous assure que sa weeda a un fou' houe, et "oui, plein de choses à faire avec ".

Chaque semaine, nous avons pris du thé, comme je vous le disais, et c'était une bonne tasse. Eh, c'est une bonne chose une tasse de thé frais. Il n'y a rien que je préfère ; c'est rafraîchissant, surtout si vous avez quelqu'un à qui craquer lorsque vous y êtes. Et je vais swag, nous n'étions pas fatigués de vouloir craquer cet efternune. La femme des Gairner et Mysie Meldrum sont deux horribles tagues pour la langue ; et certains des autres n'étaient pas loin d' ici , je m'en fous.

"Non, je viens de voir et de mettre les gens à l'aise", a déclaré Maîtresse Mikaver, dans son genre pétillant habituel.

"Et comme on dit, vous n'aimerez pas ce qui est prêt , prenez simplement ce que vous avez brocht avec vous", dit Maîtresse Winton, et c'est parti pour le lancement. Vous n'avez jamais entendu parler de cratur pour ces vieux dires farrants ; et Mysie n'est pas loin. Dod , ils pappit un autre avec des proverbes, juste comme des gars skule avec des snawba.

"Il y a la femme de Moses Certricht par là", dit Maîtresse Kenawee en pointant le vent. "C'est une créature sale et sans bizarrerie. Je m'en prends à Moïse qui n'a pas eu de problème avec elle, la gloidin' tawpie "qu'elle est."

"Eh, ta langue !" » dit Maîtresse Mollison. "Le puir man's juste plein de choses avec elle, la piste paresseuse et sans bizarrerie. Mais ce sont les enfants que je regrette. Vous les verrez le matin, je reviendrai au skule, et un seerip un morceau dans leur main, avec leur main ou leur visage lavés, et leurs mains aussi grasses que le chien d'un charognard, c'est pour moi un enrouleur « chez Moïse qui ne prend pas » à boire.

"Il est lui-même responsable", dit la femme de Gairner. "Elle était d'une mauvaise race. Il savait ce qu'elle était avant de l'épouser. Vous ne pouvez pas faire un sac à main en soie avec une patte de soo. Eh, non ! Gin, vous voulez une gerbe de guid, gang oui à un guid pris."

"Vous êtes riche là-bas, Maîtresse Winton", dit Mysie. « Prenez un chat de votre espèce et il ne vous fera pas peur, disait ma mère ; et je suis sûre d'avoir vu cela se réaliser, bien sûr. »

"Ils me disent", a déclaré Maîtresse Kenawee, "que Moses donne chaque semaine ses sept shillins vingt-deux pour garder son petit ami. Ce qu'elle fait avec ça, c'est plus que moi. Mony une mère serait j'en ai mangé la moitié dans le noo, et je me suis nourri et j'ai commis un demi-bébé dizzen dessus.

"Mais Moïse est un genre de whaup insensible et agile", dis-je. "Le blâme n'est pas d'un côté du bateau. Il y a beaucoup de vos bagarres que vous n'auriez pas besoin de suivre. Quand il y a du vacarme et de la saleté dans la maison, la femme a toujours le droit de dire à Moïse qu'elle est peut-être malade, mais il n'est pas du genre à voir comme une graine. la puissance de la campagne."

"Tu es riche là-bas, Bawbie", dit Maîtresse Winton. "J'ai dit cela à Moïse avant le jour. Rares sont ceux qui disent que leur père a été pendu."

"C'est un homme malade qui fait du mal à sa femme, bien qu'elle soit la sœur du diable", dit Mysie ; et même Ribekka lui a fait meugler un dicht, et s'est chuchoté : "Eh, oui, c'est un troo qui dit."

"Je ne dirai plus rien, messieurs", dit Maîtresse Mikaver, "car Wellum était pour moi un homme guide" ; et elle a pris une longue inspiration par le nez, et a regardé la photo abune le Chumla. "Je pense avoir vu Moïse boire un verre, mais il a l'air d'une souche tranquille", dit-elle en gaieté.

"Il ressemble un peu à mon homme", dis-je. "Il est geyser et souvent en marche quand il devrait être à l'heure. Il n'y a pas de problème pour une femme quand elle est laissée traîner jour et nuit avec sept heures. des litlans, et un homme qui vient juste d'arriver à l'heure du régime, rennyant d'abord une chose et synenant l'autre, menaçant que son porritch n'est pas à moitié bouilli, mijotant et hivernant en avance Il faut attendre un peu ou deux pour son dîner ou son thé. Moses Certricht est un pauvre petit corps, et il tarragate la femme la plus impitoyable à propos d'un petit peu kyowowy. elle n'a pas de chien de chasse avec sa guerre, et elle est terriblement bizarre avec son pantalon ; mais elle demande à son tout petit frère Moïse de la réparer, c'est mon opinion.

"Muckle aboot ane, Bawbie, comme le diable l'a dit au cordonnier", dit Mysie. "Je ne le dirais pas, mais tu es mibby riche eneuch."

"Les dochters Dawtit font des épouses", a déclaré la femme des Gairner. "Elle était déjà gâtée avant que Moïse ne la voie. Sa mère pensait qu'il n'y avait pas de filles comme la sienne, et je suis sûr qu'elle les a dit à la main. Mais vous le verrez bien, ce qui se passe En même temps, comme ma mère le disait souvent, un tondeur malade n'a jamais eu de guide, et, je pense, Moïse et sa femme, comme cela arrive souvent, ne s'en prennent pas l'un à l'autre. "

Nous avons mangé du thé et nous nous sommes mis au vent avec des bas et des coutures, juste pour avoir un riche corrieneuchin, comme l'a dit Maîtresse Winton. Mysie et moi étions accros aux chaussettes côtelées, alors nous avons essayé un stent avec l' un ou l'autre. Mais la langue de Mysie s'envenimait complètement plus que ses fils, et je préfèrerais qu'elle soit meilleure. Elle a oublié ses apports, et avait sa jambe de bas un peu plus basse quand elle est arrivée à la hauteur de son esprit.

"Un corps sans thochtless aye thrang", a déclaré la femme des Gairner, alors que Mysie commençait à prendre ce qu'elle avait fait.

"Oui," dit Mysie. "Eh bien, un copain va venir sur le brae, ilky et je vais te donner un gundy."

Les deux continuent avec leurs proverbes jusqu'à ce que je devienne un peu nerveux, vous savez. Ils étaient ces terribles wyzes qui, en fait, remarquez bien, ils ont failli chasser certains des autres idiots.

"Avez-vous entendu dire que Ribekka ici présent allait chercher Jeems Ethart ?" dit Maîtresse Mollison à la femme des Gairner, juste pour la mettre au robinet de Beek.

Ribekka rougit comme une jeune fille de quinze ans, et ramenant sa langue le long de sa lèvre supérieure, elle secoua la tête et dit : "J'ai beaucoup de connards. Je pense qu'il n'y aurait pas un truc comme moi."

"Tu ne me le dis pas !" » dit Maîtresse Winton, sans jamais faire un clin d'œil lorsqu'elle entendit Ribekka. " C'est tout ce que c'est ? Imphm ! Qu'en pensez-vous, na ? Weel dune, Ribekka. C'est un bon gars, Jeems ; et il s'occupera de Ribekka, le jeune taed. Qu'est-ce que tu pensais à ça ?

Ribekka se moquait à moitié de la dentelle de son tablier et appréciait le raggin' fine, même si elle était terriblement mise en marche, avec ses affaires
.

"Mieux vaut rester assis plutôt que de se lever et de faire un 'fa'", a déclaré Mysie. "Eh bien, j'étais Ribekka, j'attendrais mon leen. J'aimerais voir l'homme qui me sortirait de mon état actuel."

"Il aurait besoin d'être très partenaire", dis-je, juste pour donner un retour à Mysie; car elle naviguait près du vent, je pense. "Quand j'étais jeune", dis-je, dis-je...

"Les anciennes épouses étaient vraiment de belles jeunes filles", intervint la femme du Gairner; et j'ai vu que j'étais coincé, et j'ai dit nae mair.

"Et un homme aux mauvaises herbes aussi !" dit Mysie avec un grognement. « Mieux vaut garder le diable au sommet de la porte plutôt que de le chasser du trou. »

« 'Saut', quo le souter, quand il mangeait le suo, et' s'inquiétait de la queue, » fut le commentaire de la femme du Gairner ; et Mysie n'a pas aimé ça, je peux vous le dire.

"Vous n'étiez pas dans cette réflexion lorsque Dossie Millar, le skulemester, venait vous accompagner, lorsque vous étiez chez le prévôt", a déclaré Ribekka à Mysie. « S'il n'y avait pas eu le couvercle du baril d'eau que tu as donné, tu aurais peut-être été en train de skelpiner les enfants de Dossie ce jour-là, et toi aussi. »

Nous avons pris un bon départ devant l'explosion de Ribekka.

"Eh, c'était un pliskie", a déclaré Maîtresse Kenawee. "Dossie a eu un gey drookin' ce soir-là. Ils ont dit que c'était un des cochers qui était après Mysie qui avait scié le couvercle à moitié; et quand Dossie a grimpé pour avoir sa fissure avec Mysie au vent, il est entré. jusqu'aux cornes. L'histoire était que Mysie avait juste perdu sa chance avec lui, en éclatant en se lançant quand il sortait du tonneau en trempant à gorge déployée. Il n'a jamais réussi à s'en sortir. car ça a démarré, et les mêmes enfants du skule ont commencé à l'appeler le Drookit Dominie. Il a trouvé un emploi au skule de Druckendub, et n'a plus jamais regardé l'air de Mysie.

"Vous êtes de grands crackers", a déclaré Mysie. "Vous savez un mouchoir plus que jamais arrivé; mais, l'homme qui m'a trompé une fois, honte à lui; gin, il m'a trompé deux fois, honte à moi. C'est mon truc de regarder les choses."

Ce genre de délires s'est poursuivi jusqu'au bout, et nous étions juste au cœur de la recherche du meilleur remède pour l'hôte pervers, quand la porte de l'escalier ouvert s'est ouverte. choc au wa', et dans un autre moment, Sandy a frappé Sandy dans ses manches sark, et ses cheveux ont fui comme un paquet de trois effondrés.

"Michty prend soin de moi, Sandy", dis-je, dis-je ; "ce qui s'est passé?"

"Oui, plus on est de fous, mais moins ils avouent, mieux c'est", dit Maîtresse Winton.

"Qu'est-ce qui s'est mêlé à toi, Sandy ?"

Mais je viens un peu parce que Sandy s'en va. Il se tenait debout comme un podlie hors de l'eau et le regardait autour de lui comme un chien de chasse.

"Les chiens des violoneux et les fuyards viennent aux fêtes sans y être invités", a déclaré Mysie; mais Sandy lui a lancé un regard noir qui l'a tenue en colère.

"Qu'est-ce qui ne va pas, Sandy", dis-je en lui donnant un shake.

"Qu'est-ce que c'est que le g-grund ceenimin, Bawbie ?" dit Sandy. "Il y a une femme bricoleur qui a besoin d'un bawbee's-wirth, et j'ai cherché le magasin heich and laich pour ça."

"Gardez-moi, Sandy", dis-je, "est-ce que c'est ce qui vous est proposé ici ? Vous l'aurez dans une boîte de moutarde dans le tiroir à poivre. Mais qu'est-ce que je fais dans le magasin ?"

"Oo, juste la femme bricoleur", dit Sandy.

"Eh bien, est-ce que tu l'as déjà fait ?" » dit Maîtresse Kenawee en levant les mains.

"Non!" dit Sandy en se tournant vers son gars de mauvaise humeur. "As-tu?"

"C'est un type de ce que vous appelez vos hommes", dit Mysie. "Eh bien, eh bien, ils sont rares en ce qui concerne les cloots qui réparent leurs tuyaux avec des dockens."

"Bliss my hert, Sandy, elle sera absente avec la caisse à ton retour", dis-je. "Rin awa', vous n'êtes pas aussi festif que vos pieds le feront."

"Je n'ai pas peur de ça," intervint Sandy. "J'ai donné au concierge de rester à la porte jusqu'à ce que je revienne. Je ne suis pas juste, tellement c'est idiot, pour l'instant."

"Et la femme bricoleur veut un bawbee's wirth o' grund ceenimin ?" » dit la femme du Gairner. "Cette belle bousille le bourreau."

"Je vais y aller", a déclaré Sandy. "Je vais y aller avec un riche non ; tu n'as pas besoin de te dépêcher, Bawbie", ajouta-t-il en faisant son travail ; et en syntonie avec la porte à la main, il dit : « Le gardien de prison est également pressé, voyez-vous. Il doit lancer le même Gairner Winton. Il est allongé dans le terrible foo public de Famie Tabert » ; et il est sorti par cheminette, prenant la porte pour le suivre avec un bruit de tonnerre.

Si vous aviez vu le visage de Maîtresse Winton ! C'était une photo. Elle bougeait sa tête d'un côté à l'autre, avec son meuglement fermé, comme si elle ne voulait plus jamais l'ouvrir ; mais au bout d'un moment, elle a craché deux ou trois mots, comme si on lui avait brûlé la langue. "La langue d'un chien n'est pas un scandale", a-t-elle bafouillé.

"Mieux vaut la fin d'un festin que le début d'un débat", a déclaré Mysie. "Nous voulons que tout le monde se fasse chancrer. Venez et asseyez- vous , Maîtresse Winton. L'homme de Bawbie veut juste vous en parler . Je ne vous ai pas trompé; le Gairner est aussi sobre qu'un juge, j'en suis sûr."

Mais les crackins prendraient la route quelque part après ça. Il y a eu une sacrée fête d'accueil, et ow-ayin, et ainsi de suite ; alors je suis arrivé chez moi avant midi, car j'étais juste assis sur des épingles de chahut en pensant qu'ilka meenit Sandy viendrait se débattre, en rugissant, il aurait mis le tonneau de paraffine en sécurité. J'ai été ravi quand j'ai reçu un jambon et un truc en ordre ; bien que Sandy ait donné à Nathan des câlins dans le magasin, sautant du comptoir avec les mains dans son chien. C'est juste son wey, le cratur. Il n'y peut rien.

"La femme du Tintin était-elle là quand tu es revenu ?" J'ai dit à Sandy.

"Oo, oui", dit-il. "Je lui ai donné son ceenimin."

"Il y aurait un profit considérable sur cette transaction, après avoir déduit le pourboire du pilececeman", dis-je, dis-je. "Comment, n'avez-vous pas simplement dit que le grund ceenimin était une" dune ? »

"Parce que ça aurait été un vent sous le vent", a déclaré Sandy.

"Eh bien, vous pourriez sentir que vous ne saviez pas ce que c'était", dis-je.

"Ça aurait l'air ridicule, et moi le maître du magasin", a déclaré Sandy.

"Eh bien, mais ne voyez-vous pas que c'était ridicule de donner un sou à un homme de ménage pour surveiller une femme bricoleuse qui n'en veut qu'un fouillis de bawbee's-wirth o'grund ceenimin", lui dis-je d'un ton aigu.

"Mieux vaut donner un pourboire au pileeceman que d'emmener le cratur devant la shirra pour avoir volé, et mibby a le toon en colère pour l'avoir gardée dans le gyle, pour des billets de train pour elle et deux éplucheurs. à Dundee. Cela aurait été entièrement du gin tippence", a déclaré Sandy.

Argeyin' avec Sandy, c'est comme chasser un blanc dans une digue sèche. Quand vous pensez l'avoir dans un trou, il vient de sortir dans un autre. Tachy ! Quand il est dans ses tambours de bargeyin, je ne peux pas me baigner avec lui !

VI.
DEUXIÈME LEÇON DE SANDY EN GÉOMÉTRIE.

Avec ses filles de foiterin, il y a un vent d'indépendance sur Sandy, vous savez ? Il s'en fout d'être connard par qui que ce soit, surtout par des gens qu'il n'aime pas. L'autre jour, par exemple, Sandy sautait par -dessus l'avant de son cairt. Sa crise avait chatouillé le britchin quelque part, et il est venu lécher la tresse de son dos dans le caniveau. Le policier se tenait juste au-dessus de la route à ce moment-là et il est venu en courant avec son meuglement grand ouvert.

"Garde-moi, Sandy, cratur," dit-il, "que s'est-il passé ? Tu es tombé sur le cairt ?"

"Je vais m'occuper de vos affaires", dit Sandy en se levant d'un bond et en se secouant. "Le cairt est mon nom; je peux venir là où je veux."

Le policier est parti en se frottant le menton. " Dod ", dit-il à Stumpie Mertin au coin de la rue "cet homme Bowden est le jeeger le plus bizarre que j'ai jamais rencontré. Il est venu se débattre sur le Kribstane là-bas, dans le noo, et quand j'ai couru une autre fois pour voir s'il l'était, il m'a juste donné de l'impudence et m'a dit qu'il pouvait venir chez lui comme il le voudrait. Avez-vous déjà entendu quelque chose de pareil ?

"C'est un enfant bizarre, Sandy", a déclaré Stumpie. "Il y a des gens qui pensent qu'il veut un pourboire pour le shillin, mais j'estime qu'il y a environ quatorze pence pour son shillin. Il est vieux, je vous le dis."

C'est exactement mon opinion, vous savez ; et ça m'a un peu étonné d'entendre Stumpie parler du sens de sa vie. Il est généralement juste un devoir.

Mais ce n'est pas ce que j'allais vous dire tout de suite. Sandy et Bandy Wobster ont eu une terrible collision ensemble. Chaque fois qu'ils ont été, soit dans la buanderie, soit dans le grenier ; et Sandy s'est mise à marquer les portes avec du kauk, et à faire des anneaux et des lignes comme des chemins de fer et ainsi de suite.

"Qu'est-ce que c'est que toi et Bandy, vous faites jusqu'à midi ?" J'ai dit à Sandy l'autre matin, juste quand nous étions assis au petit déjeuner. "Je ne sais pas, Sandy," dis-je, dis-je, "que tu te tiendras à l'écart des pliskies eediotikal auxquels tu as joué l'hiver dernier."

"Vous pouvez remuer votre corps là-dessus", dit Sandy, alors qu'il prenait une somme d'argent pour un sou. "Il va y avoir un peu de travail cet hiver.

Bandy et moi avons été occupés à la gomitry. Mec, Bawbie, c'est vraiment très intéressant. Cela ne vous dérange pas que je vous parle de certains triangles et de choses qui s'y rapportent. vous l'a déjà dit ? »

"Eh bien, regarde ici, Sandy," dis-je, "je remarque que tu as défoncé toutes les portes de l'endroit avec tes triangles, et ils ont exactement la forme même de celle qu'Ekky Hebbirn a joué dans le orchestre de flûte ; et, comme je vous l'ai déjà dit, je ne dois pas les avoir avec eux à bord du bateau, préservez-moi, mec, vous aurez autant de musique que les autres. "

"Gardez votre bite, 'oman", dit Sandy. "Vous êtes tous purs de l'odeur. Il n'y a pas de musique sur les triangles gomitriques ava . Ils n'ont rien à voir avec la musique. Ils sont pour mesurer et analyser rien jusqu'à une conclusion. Bandes de flûte ! Sic C'est une bêtise. Je veux que tu voies le livre du triangle. Nous avons encore un peu mangé les exyems, de peur que ce ne soit juste pour te donner une idée, Bawbie ! les choses sont égales les unes aux autres alors qu'elles sont égales à quelque chose qui est égale aux choses qui sont égales les unes aux autres ?

« Cela me dérange que vous ayez entendu des bêtises de ce genre », dis-je ; et, en fait, je pouvais à peine me lancer en voyant l'air drôle du visage de Sandy.

" Eh bien, " poursuivit-il, " c'était le premier exyem ; l'idée est que le tout est plus grand que sa paire. Cela signifie, voyez-vous, par exemple, que mon cairt est plus gros dans les tramways. "

"Hoo, tu fais ça oot ?" dis-je. "Michty moi, mec, si les tramways n'étaient pas plus gros que le cairt, comment Donal se mettrait-il entre eux ? C'est ridicule."

"Vous ne voyez rien", dit Sandy. "Prenez la porte arrière du coffre, par exemple. La porte arrière n'est qu'un peu en dehors du coffre, n'est-ce pas ? Eh bien, alors, sûrement, le coffre est plus grand que la porte arrière."

"Vous êtes un parfait amateur", dis-je. "La porte arrière est exactement de la même taille que le coffre, sinon vous ne l'obtiendrez jamais. N'importe quel enfant le sait, gomitry ou pas gomitry."

« Bliss my hert, Bawbie », dit Sandy, devenant un peu poivrée, « sûrement en paix, un scone est plus gros qu'un peu de scone. »

"Il n'y a rien à faire là-dessus", dis-je, "si le scone que vous avez un peu n'est pas plus gros que le scone qui est plus gros, mais le reste."

"C'est vraiment adolescent, bien sûr", dit Sandy.

"Mais je ne vois pas ce qui fait une différence avec la porte arrière du cairt", dis-je, dis-je.

Sandy a pris une bouchée sauvage dans sa rangée, un gae deux-trois de ses mandrins, puis il dit: "Mec, Bawbie, vous, les petits gars, n'avez aucune faculté de rizzenin. Personne n'a de logique . Il faut que tu regardes pour voir que quelque chose est plus grand qu'un peu, ou, comme le dit le livre, que le tout est plus grand que sa paire. Cela va de soi, disons, c'est sûrement plus grand que n'importe qui. o' les Conciliers " .

"N'est-ce pas ?" J'arrive vite. « Il suffit de jeter un œil à Bailie Thingymabob, et vous ne saurez pas s'il pense que le Toon Cooncil ou lui est le plus grand des deux.

"Auch, Bawbie, tu n'es pas d'accord avec ça", dit Sandy. "Vous avez déjà un desjeskit pour regarder les choses. Quel est le sens de bêtiser avec Bailie Thingymabob ? Préservez-moi ! s'il n'est qu'un véritable membre du Toon Cooncil, le bon sens va sûrement vous voir. que le Toon Cooncil est plus grand que lui. Tout petit huard dans la tour peut le voir en un clin d'œil.

«Très bien», dis-je; " Je viens de parler à Bailie Thingymabob lui-même. Je vais le dire, si vous lui dites qu'il n'est qu'un vrai membre du Toon Cooncil, il aura affaire à un autre homme fatigué le matin même. Sandy, loonikie, votre Les exyems peuvent faire parmi vos triangles et sic comme des fyke-facks et des kyowows, mais ce sont des « bethers » que vous voyez bagarre partout.

Quelle augmentation Sandy a obtenu ! Il était si grincheux qu'il a pris deux ou trois rives de mauvaise humeur d'un lambeau de race, et une gorgée de thé, et un "bon stankit lui-même". Il est allé sur la route de Wrang, et Sandy était à proximité de Chokit.

"Je suis content d'avoir fait des bargeyin' avec un cratur doué qui ne peut pas voir une chose aussi grande qu'un bâton de pique", dit-il après s'être fait moucher le nez. Syne, il a fait briller un peu, et dit, avec un petit ricanement, "Je dois avoir essayé avec le cul de l'étang anowerim."

" Et qu'est-ce qu'il pourrait être ? " dis-je.

"C'est la cinquième proposition, Bawbie", dit Sandy. "Ça s'appelle le cul de l'étang anowerim. C'est le latin pour le brick du cuddy. Si vous n'arrivez pas à vous en sortir, vous êtes mis à terre pour un âne."

"Tu ne vas pas bien, Sandy ?" Je dis, dis-je.

"Non encore", dit-il, sans jamais cligner des yeux qu'il a remarqué le coup que je lui ai adressé; "Mais je commence à y voir clair, je pense. Mais j'ai eu un autre coup d'oeil avec elle, je serai du côté le plus riche d'elle, je suis un wadger."

J'ai une lueur de sens parce que je la vois dans la palabre de Sandy ; alors je dis, je dis : « Quelle est cette cinquième proposition que vous avez en train de faire ?

"Eh bien, c'est juste ça", dit Sandy ; et il commença à faire beaucoup de fées avec son doigt sur le sol, parmi les rangées de la table. "Écoutez, il y a ce que vous appelez un triangle soshiliste. Eh bien, vous voyez les deux coins au bout de son lièvre? Ce sont juste la moelle de l'un l'autre; et si vous tracez les lignes au à côté d'eux ici un peu plus loin , et entrez dans le foutu du triangle, vous constaterez que les coins du boudin sont juste les moelles des uns et des autres aussi.

"Oui, Sandy," dis-je, dis-je, "tu ferais mieux d'aller chercher Donal' Yokit. Je ne sais pas à quoi servent les triangles soshilistes et les autres images ressenties comme les taes de poule, ça va être pour toi, mais je comment ils Je ne vais pas vous apprendre à faire du gie fowk jimp wecht, ou ce sera la ruine de votre métier. Je n'ai aucune objection à ce que vous ayez un passe-temps, mais vous pourriez sûrement vous perfectionner beaucoup en matière de gin. O 'the Blethers' o' Bandy Wobster. Procurez-vous un de ces pièges à mousqueton, ou quoi que vous vouliez, pour prendre des photos, montez vers les pompiers ou le canot de sauvetage, rejoignez les fusils ou quelque chose comme ça. sens dans ce genre de chose. Mais frayez-vous un chemin parmi les exyems, comme vous les appelez, et des triangles, et des choses comme des ceintures de dames et des draigons, ce n'est pas une abeille vivante qui peut faire ' éther eechie ou ochie o'————Feech ! Je serais gâté avec eux ;

Sandy s'est précipité sur son siège et, enfonçant son chapeau, a traversé le magasin en bavardant : " Auch, j'ai ton bavardage ; ta langue qui claque me rend juste impuissant. Je pourrais aussi bien parler avec le bête brute et porc jusqu'à ce que je sois noir au visage. Il s'est dirigé vers la porte, sans vouloir le suivre avec un bruit qui a fait vibrer le hochet des bouteilles de ma chérie.

VII.
EXPOSITION DES LANTERNES MAGIQUES DE SANDY.

J'étais juste devant la porte de derrière mercredi pas la semaine dernière quand j'ai entendu des craquements sur le linge, et j'ai regardé dedans pour voir ce qu'il y avait là.

"Mec, c'est juste une petite cuillerée", dit Sandy alors que je soulevais le cou.

Dauvid Kenawee, Bandy Wobster et lui se promenaient partout avec un fitrool et un bawbee can'le, et j'ai immédiatement vu qu'il y avait quelque chose dans le vent. J'étais justement en train de me racler la gorge pour leur faire savoir qu'il n'y aurait rien de plus de leurs conspirations dans ma lessive, quand Dauvid s'est glissé dans son wird devant moi.

"Viens, Bawbie", dit-il, dit-il, dans son silence habituel. "Nous étions en train de voir si nous pourrions avoir une petite exposition de lanternes magiques ici le soir de Setarday. J'ai un cours à la Mission Sabbath Schule, voyez-vous, et j'allais les inviter à une tasse de thé le Setarday, et je pensais leur donner un peu d'aperçu de la lanterne magique. Robbie Boath, le menuisier, a une lanterne qu'il va bien leur donner, et Sandy ici pense qu'il peut gérer l'affaire à merveille.

"Je n'ai aucune objection à ce que les gars puissent faire quoi que ce soit de ce genre", dis-je. "Mais ce n'est pas du tout votre genre de bisness hydropathiques à bœuf électrique, n'est-ce pas ? Je ne vais pas parler à Sandy avec ' rien de ce genre, car je vous le dis... "

"Je ne vais pas te baigner toi-même, Bawbie", ruisseau dans Sandy. "C'est une lanterne à paraffine; c'est aussi simple à faire que votre machine à laver là-bas."

"Oui, Sandy," dis-je, "comme vous vous débrouillez avec votre lanterne magique comme vous le faites généralement avec la machine à laver, quand j'ai besoin d'un coup de main, je vais donner des cadeaux aux enfants de Dauvid. "Je ne vais pas le garder."

"Tach, Bawbie, tu te moques toujours de ton impudence", dit Sandy, plutôt méchante.

Mais Dauvid et Bandy se sont un peu moqués de lui.

Eh bien, pour faire court, Setarday nicht cam, et la lanterne magique le fera. Dommage , mais Sandy a eu une bonne soirée. Il pilotait à bord, transportait des caisses à savon comme sièges pour les enfants, apprenait à se repérer sur les tableaux et commandait Nathan ; vous n'avez jamais entendu pareil ! Je l'ai entendu bavarder jusqu'à ce qu'il soit dans l'arrière-boutique, "La grande bataille de Waterloo a eu lieu en 1815 entre les Anglais et les Français, et Bloocher est arrivé sur les lieux juste au moment où Wellinton en recevait l'ordre. — Tuts, stupide blockheid, Nathan, ce tonneau de savon est tombé là — « En haut et sur eux. » » Il a continué ainsi pendant toute l'après-midi, et même au milieu de sa vie. thé, quand je lui ai demandé si c'était pas assez, il m'a regardé un peu défilé, et a dit : "Même si tu partais pour cette étoile le jour de ta naissance, marche les jambes sur un boulet de canon, tu serais là." jusqu'à ce que tu aies plus de quatre-vingt-dix ans.

"Qu'est-ce qui parle des étoiles ?" dis-je; "Je regarde si ton thé est suffisant ?"

"Oh, oui, oui, je pense, c'est un riche", dit Sandy. "Je pensais à Sirias, l'étoile fixe la plus proche, tu sais. J'enroule ce qui est réparé avec '?"

Il était sept heures et les enfants de Dauvid entraient par la porte comme s'ils allaient commencer pour l'étoile fixe de Sandy. Ils passeraient par la porte du lavabo si elle n'avait pas été ouverte. Je les avais oubliés à l'époque ; mais, gardez-moi, quand ils sortent chez Dauvid après leur thé, je me dirige vers la porte par cheminette. Je pensais que c'était quelqu'un de plus puissant.

Sandy portait son sirtoo et son lum gin cette fois, et il était prêt à faire un bruit terrible, à se moucher dans son mouchoir du sabbat, et à regarder, à tirer la langue, comme un gros bœuf. Il entra dans la buanderie pour laver les dames, car elles faisaient un terrible vacarme.

"Maintenant, les garçons et les huards, et les filles, je veux dire", dit Sandy, "il doit y avoir un bruit total , sinon la lanterne magique ne fonctionnera pas."

"Hooreh ! Le temps est écoulé !" rugit les dames ensemble ; et ils ont sifflé, et ont donné des coups de pied avec leurs pieds jusqu'à ce que vous pensiez qu'ils auraient eu mes boîtes à savon de bon goût pour faire du crockineeshin.

Dauvid semblait prendre tout cela comme une question de base, et quand je me demandai si c'était juste leur habitude, "Oui," dit-il, " c'est juste les huards dans les exobriens de leurs esprits, d' tu sais, tu vois.

Je pense que c'est pour moi-même, je pense, j'en prendrais quelques-uns de ces exobriens, car j'en ai eu une quinzaine. Un cours de sabbat ! C'était plutôt comme un club de fitba pour les mi-temps . Mais, bien sûr, ce n'est pas un jour où ils voient une lanterne magique.

Maîtresse Kenawee, et Maîtresse Mollison et son homme, le Gairner, et le Smith, et je ne peux pas vous le dire, mon cher monsieur, en avaient eu vent, et le linge était aussi fou que ça. . Il y a eu un terrible atramush parmi les gars quand la bougie a explosé, et Syne Sandy a allumé un foutre et a allumé sa lanterne, et, après beaucoup de fykin', il l'a remise en ordre.

Sandy a énervé un hôte, et il a dit : "Maintenant, les garçons, les filles et les gens, la première photo que je vais vous montrer est Danyil dans la fosse aux lions. Le voilà !" et il a tiré sur la photo.

C'était une image vraiment bizarre. Je ne peux ni faire de bruit, ni faire de queue. C'était juste un peu greenichy-yallichy, comme si quelqu'un avait skelté un pottal de vert-kail ou quelque chose sur le drap où se trouvait la photo.

"Je pense qu'il y a quelque chose qui ne va pas avec les fokis", dit Bandy Wobster.

"Juste, tu fais attention à tes propres fokis, Bandy", dit Sandy, de couleur poivrée, "et ensuite les fokis des autres gens."

"Etes-vous en train de partager que vous êtes riche avec la photo ?" Dauvid Kenawee a lancé un discours.

"Il n'y a rien de bizarre avec la photo", dit Sandy. "Vous voyez ce genre d'idiot à la crise là-bas ? C'est un des pieds de Danyil."

"Regarde le numéro de la diapositive, Sandy," dit Bandy, "et assure-toi que tu es riche. Ils sont en ordre."

"Vous n'êtes pas en ordre", dit Sandy, aussi en colère qu'une guêpe. « Haud ce chapeau de lum, Bawbie ! » il dit; et il est sorti avec la photo, et a rugi : "Numéro 2217 ! Cherche 2217, Nathan, dans le livre là-bas, et vois ce qu'il dit."

Après avoir parcouru les feuilles de son livre pendant une ou deux heures, Nathan leva le nez vers le meuglement de la lanterne et lut : « Une tranche de foie d'ivrogne ».

"Qu'est-ce que tu dis?" dit Sandy. "A bientôt."

"Une tranche de foie d'ivrogne", dit encore Nathan.

Sandy saisit le livre, et après une réunion, il dit : "Oui, mec, alors tu es riche. Il y a eu des mélanges entre les images. C'est une tranche ou une section de foie d'ivrogne", a-t-il poursuivi. , "montrant les effets de l'alcool."

Les gars ont hurlé le foie de l'ivrogne comme n'importe quoi, et cela a donné à Sandy le temps de reprendre son souffle, et de lui faire avaler le sucre sur le visage.

"C'est le genre de foie que vous aurez si vous êtes ivrognes", a déclaré Sandy. "L'action de l'alcool déjinère le tishie jusqu'à ce que le foie devienne maladroitement rancunier et que le nébriate devienne une épave totale." À cela, les dames et les filles battaient des mains comme ça.

"Veillez à ne jamais avoir le foie d'un ivrogne", dit Sandy d'une voix solennelle; et un des gars de Dauvid dit : « Bon sang, je ne serais pas comme un semeur d'un foie comme ça, tout de même », et ils ont mis le reste en train de lancer.

"Attention!" criait Dauvid jusqu'à sa classe ; et Bandy Wobster - qui était occupé à jeter un regard noir sur le foie de l'ivrogne, et à enrouler ce qui lui ressemblait, nae doot - entra, sans le savoir, avec " " Bras d'épaule ! " et les gars ont rugi et se sont lâchés jusqu'à ce que vous pensiez réellement qu'ils se seraient trompés. Depuis qu'ils se sont arrêtés, Sandy s'était évanouie avec Danyil, et il était là, le regardant fixement, grandeur nature, et vingt lions virevoltant autour de lui.

Sandy a raconté l'histoire de Danyil, et hoo, il a été jeté parmi les lions parce qu'il n'était pas un végétarien ; et des faigs, faites attention. Sandy a pris Winderfu'. Les gars ont été très attentifs, et vous avez entendu un bébé s'évanouir quand Sandy parlait.

"Il n'y a pas de tanières aux lions de nos jours, voyez-vous", dit Sandy, pour se sentir avec . "Que font-ils avec les criminels ou les gens notoires, non ?"

« Caressez-les pour les Toon Cooncillers », dit l'un des plus grands amis de Dauvid ; et Bandy Wobster a lancé un grand balach ou un lancement, et a rugi au ton de sa voix : "Confondez-le ! Feech ! J'ai avalé un peu de tabac !"

Ensuite, il y avait des images de Joseph et de Moïse, et de nombreux personnages bibliques, les huards rugissant sur les noms en général avant que les images ne soient à moitié visibles. C'étaient des fous, et ce n'est pas une erreur, mais je peux vous dire qu'ils avaient la Bible à portée de main. Dauvid était un Loocifer aussi fier que les gars qui répondaient si malin ; mais Sandy n'aimait guère ça.

Ils avaient des histoires bibliques comme on pouvait le faire, et chaque fois qu'une image apparaissait, ils faisaient hurler l'histoire avant que Sandy ne mette ses fokis en ordre. La connaissance de la Bible est une grande chose, non ; mais les dames ont pris le travail de Sandy sur sa tête ; et il n'a guère aimé ça, comme vous le comprendrez facilement.

Mais les personnages locaux ont donné une meilleure chance à Sandy et, je vous l'assure, il en a pleinement profité. Il a fait un long laberlethan sur certaines photos - gardez-moi, s'il avait continué comme vous sur une photo ilky, il n'aurait pas été endormi lorsque les cloches du futur sonneraient pour l'église le lendemain.

"Je n'ai pas de photos capitales de vieux Arbroathiens à vous montrer", dit Sandy aux enfants, "le classique Reed Lichties. Et j'espère que les gars d'ici prendront une leçon pour eux et resteront. et on met leurs photos dans des lanternes magiques après qu'ils soient morts aussi, et on obtient de très gros mossyleeums - c'est les grands semeurs de tombes, juste comme des tiges de moulin, vous savez - oot dans le cimetière de Warddykes, avec leurs noms ciselés. sur eux en lettres d'or.

Les huards riffaient et frappaient dans leurs mains comme s'ils souhaitaient être tués et enterrés près d'une grande tombe.

Après de nombreuses palabres, Sandy a pris sa première photo locale.

"Voici Provost… Quel était son nom déjà ? Il était autrefois un grand garçon à… Mec, comment s'appelle-t-il déjà, Bandy ?" dit-il.

"Je ne sais pas, Sandy", a déclaré Bandy; "Mais ça me frappe, tu l'as dans la lanterne à l'envers . Il est debout sur sa tête."

"C'était en tout cas un personnage gey à l'envers", a déclaré le Smith. "Il était sur le point d'utiliser le tae wey comme dîme."

Sandy a obtenu son prévôt putten richt ; mais certains autres de ses notables étaient tout aussi farceurs. Ils sont arrivés à l'envers, à l'envers, allongés sur le sol - vous n'avez jamais vu ça - jusqu'à ce que Sandy soit à proximité pour jurer. "Confondez les prévôts et les baillis", dit-il, "je n'en ai jamais vu un seul."

"Aïe, aïe, Sandy", dis-je, "vous n'avez pas besoin de vous mettre en colère contre ces corps ; ils sont morts."

"Oui, nous allons nous amuser avec certains des vivants", dit Sandy. "Donnez-moi quelques diapositives dans la boîte verte", crie-t-il à Nathan. "Qu'avez-vous fait pour les prévôts et les baillis ?"

"Je les ai dans le chien de ma culotte", dit Nathan. "Ils sont riches."

"Et qu'est-ce que le foie de l'ivrogne ?"

"Oh, je l'ai posé sur la chaudière, avec Danyil et un peu de mai."

"Tu verras et je ne les mélangerai pas", dit Sandy en poussant une autre diapositive. "Comme vous le reconnaîtrez facilement, voici Bailie Thingymabob."

Les gars ont applaudi le bailli et Bandy Wobster a dit : "Mec, mais il est affreusement indistincte, Sandy. Vous pouvez à peine le faire exploser."

"Il n'y a pas de quoi s'éterniser", dit Sandy. "Je n'ai jamais rencontré quelqu'un qui pourrait le faire exploser. Vous ne pouvez pas vous attendre à une lanterne magique pour faire ce que vous ne pouvez pas faire vous-même". Ce sera un mauvais travail pour le bailli, je peux vous le dire, quand les gens commenceront à le faire. faites-le oot. La photo suivante est Cooncillor Spinaway.

"Oui, je vais aller dans la cour et sentir une odeur", dit Bandy en se levant de son siège et en installant les huards en train de se lancer.

"Vous n'avez pas besoin de sortir du noo", dit Dauvid. "Attends de voir le reste des photos."

"Je ne me trompe pas", dit Bandy en laich, "quand cette crique sera sur pied, il ne restera pas assis pendant une demi-heure. Je ne l'ai encore jamais vu se lever, mais il est resté plus gros que leur corps. Vérifiez le sooage, les égouts principaux, les chaudières à gaz, et ainsi de suite avant qu'il ne se sente. Attendez de voir.

"Haud ta langue haletant", dit Sandy. « Béni soit ton cœur, il est dans la lanterne magique. Il ne peut pas parler là-bas. »

"Je pense que tu es riche", dit Bandy en griffant sa tête. "Eh bien, le prévôt devrait juste garder une lanterne magique à portée de main, et le laisser entrer. Cela le maintiendrait tranquille aux réunions."

"Nous vous montrerons une photo de tout le Toon Cooncil, non," dit Sandy ; et "en cam" la photo. "Il y a encore eu du mélange de mai", a déclaré Sandy, comme si elle était kanker. "Ce n'est sûrement pas le Toon Cooncil. Quel est le numéro echteen, Nathan ?"

"Le fléau des sauterelles en Egypte", dit Nathan.

"Hoo, est-ce que ça s'est passé là-dedans, ava ?" dit Sandy.

"Oh, ils ne feraient tout simplement pas partie des autres plegs", dit Brook dans Bandy Wobster.

"Voici une diapositive très intéressante", dit Sandy en mettant la photo suivante. "C'est une photo de la députation qui a attendu certains des membres du Conseil Toon à l'occasion d'élections et a demandé à eux d'y assister, même s'ils étaient terriblement impatients d'avoir de l'esprit."

"C'est comme une photo d'une bonde sans baril autour", ont dit une des amies de Dauvid.

"Il n'y a personne là-bas, Sandy", a déclaré Bandy Wobster.

"Oui, mais c'est la députation", a déclaré Sandy. "Ils sont mibby inveeible, mais c'est eux pour ça. Le nom est sur la photo. Tu peux regarder yersel', si tu ne me crois pas."

"Oui, le Fantôme de Pepper !" rugit le Smith. "Il attend beaucoup de gens en période d'élections. Il est tout simplement un parfait escroc, nommant des gens contre leur gré, et les entraînant dans la publicité alors qu'ils préféreraient de loin se lancer dans une querelle de toute sorte."

C'est un affreux corps, le Smith, parfois. Quand il est raisonnable, il est juste un peu ridiculement raisonnable ; et quand il dit non, il est aussi loin que possible.

"Les députations sont toujours anonymes", déclare Sandy. "Ils se présentent parfois avec une prune nomade. C'est juste la modestie des hommes qui les maintient hors de vue. Ils jettent leurs veesits à travers la nuit, et une cratur kens eechie ou ochie s'en prend à eux. Mec, j'aime bien. modestie. J'ai beaucoup de respect pour une députation qui ne se soucie pas.

"C'wa wi 'quelques meilleures photos", rugirent certains des gars, et le grand perrygrinashin de Sandy se termina tout d'un coup.

"La photo suivante est très intéressante", a déclaré Sandy après avoir repris son souffle. "C'est l'une des fameuses foules de repas. Vous voyez la bande d'hommes, vous savez, ils rugissent ensemble. Il n'y a pas un seul de vous qui se soucie des foules de repas," dit Sandy, " mais je m'en occupe bien. C'était un bon moment, à cette époque-là. Vous remarquerez le vieux Toon-Clark au milieu, les mains levées, menaçant d'envoyer chercher le pileece, et un autre. " Le crood lui crie dessus comme des chiens. Je peux vous dire, les huards, vous pouvez remercier vos étoiles que vous ne soyez pas né quand des choses comme ça se déroulaient dans le toon. Il n'y a rien eu de pareil dans le toon d'Arbroath sin'———"

"Attends, Sandy," rugit Nathan; "C'est encore une fois l'image bizarre que vous avez ; voici la foule de repas ici. Regardez et voyez ce qu'il y a dessus."

"Une réunion Presbitree!" lisez oot Sandy; et vous pensiez que le Smith et le Bandy Wobster se promenaient dans le bateau avec leur bruit, leur rugissement et leur lancement.

"Je pensais qu'ils étaient des gentilshommes d'apparence noire pour une foule de repas", dit le Smith; et Bandy hocha la tête et dit: "Mec, Sandy est un génie parfait comme fac's ocht, j'ai probablement entendu quelque chose comme lui."

Il est temps de vous parler du reste de l'exposition. C'était un régal en mair weys qu'en ane. Sandy Lut voit beaucoup de notables comme Mester Gladstone, Blind Hewie, Steeple Jeck, le Prince de Galles, Burke et Hair, le Jook o Argile et Dykin Elshinder. Mais leur crooner est venu quand Sandy dit : "Non, voici Snakimupo, le célèbre roi des îles Cannibales, et sa squaw préférée, qui mange des missionnaires, des Bibles et qui fait caca dès qu'ils le peuvent." un haud o 'eux "- et dans il a tiré - qu'en pensez-vous? Juist Sandy et moi, grandeur nature, et plus gros !

"Oh, bon sang, nains !" dit une des filles de Dauvid, avec ses mains en l'air, et ses meuglements et ses grandes ouvertes.

Vous n'avez jamais entendu un riff comme celui-ci, les gars rugissant "Le roi des îles cannibales", et Sandy frémissant comme un parfait terrier.

"C'est un peu le travail de Robbie Boath", dit-il en laich jusqu'à lui-même, avec "une awfu" fille sur le visage. "Il m'a donné cette photo spéciale, et m'a dit son nom, et m'a dit de me sentir mal. Mais il ne va pas avoir une histoire de pitatties malades de ma part le matin qui le rendra heureux. pour un i'ortnicht, je m'appelle non Si Bowden. Syne, il a ajouté heich oot, "Non, huards et lassockies, c'est un".

Dauvid proposa un vote de remerciement à Sandy ; et vous auriez pensé aux machines à vapeur entre ceci et Glesca qui s'était mise dans la machine à laver, avec leurs sifflets à pleine queue. Le bruit était quelque chose de terrible. J'ai dû caresser mes doigts dans mes cornes, et rin.

VIII.
SANDY ET LA TARTE À LA RHUBARBE.

Une femme a-t-elle jamais été aussi provocante avec un ramstam, dotrifeed gomeral ou un homme ? Sandy Bowden m'aura dans ma tombe avant mon heure, car je suis une femme vivante. Il n'y a pas d'espace fermé pour moi ce soir-là ; et il y a Sandy éveillé jusqu'à son lit avec ses armes ramées en morceaux d'un vieux tablier en coton jaune de la mère de Maîtresse Mikaver. Eh, monsieur; et moi j'étais si heureux, pas d'argent, oors syne !

Nous sommes partis prendre une tasse de thé avec Maîtresse Mikaver – c'est la veuve du boulanger de scones, vous savez. Son fils le plus âgé a été parmi les Indiens Reed, ou chez certains de ces gens nus et aux cheveux longs, pour ne jamais se laver ; et ils disent qu'il a fait un tas de bawbees. Il est un peu trapu, un peu trapu, un peu trapu, et il veut un toom. Mais, je vais le dire, les jeunes Kimmers qui étaient présents n'ont pas vu Muckle se disputer avec lui. Il y avait une concurrence aussi vive pour lui parmi les filles que s'il avait été un public gude-gaen candidat à l'onction.

Moi et Sandy avons atterri parmi les premiers du groupe. Quelque chose était très bon, je vous l'assure. Maîtresse Mikaver a fait blanchir l'escalier, et chaque marche a été kaumé et sablée, vous n'avez jamais vu quelque chose de pareil. Et là, elle était elle-même avec son plus beau crétin noir, non, c'était un peu visible, et sa dentelle était gardée et son tablier à perles. C'était une dandy, et ce n'est pas une erreur.

Avant que Sandy ne monte l'escalier, il a voulu organiser ses cours de sabbat avec « le blanchisseur » ; et j'avais un peu peur que Maîtresse Mikaver ne le prenne pour le fantôme du boulanger de scones. Mais nous l'avons fait faire un grand snod, et nous sommes allés au coin du feu de Ben-hoose, et nous avons eu une conversation avec le jeune Aleck. C'est le nom du fils. Sandy et lui se sont lancés dans les mustaings, les Indeens, les boomirangs, les scoots et autres scoondrils, jusqu'à ce que je puisse mourir avec leurs anciens frères ; alors, bon, je vais avoir une conversation avec la mère d'Aleck.

Quand j'ai ouvert la porte, il y avait autant de filles que possible pour démarrer un moulin à noo. Ils s'étaient démenés avant de venir voir Aleck, tu vois ? Il s'est fait un franc-parler, et il s'est adressé à leurs mères, et à tout ; et puis nous sommes arrivés autour de la table du Ben-Hoose, et avons fait une belle partie au Totum pour les cracknets.

Sandy Juist est devenu très farceur, comme d'habitude, avant de commencer . Il est toujours pareil quand il se retrouve entre « jeunes filles, vieux connards » comme il est.

"Je ne les prends que pour rien", rugit-il au milieu du jeu; et il a saisi un nivfu sur les filets à crack, et dans son meuglement avec eux. Son een est resté jusqu'à sa tête, et comme je ne lui avais pas donné une fille dans le dos, qui garrait les filets, fuyez de son meuglement sur la table, il avait été un chokit korp dans une minute ou deux. , tout comme Shure est le Setarday du matin.

Mais je ne pensais pas à ce qui se passait avant ! Gin, je l'avais connu, je l'étoufferais, le pied de page de maiterin 'à ce qu'il est.

Nous sommes allés dans la cour vers sept heures et demie pour voir un nouveau poulailler à Aleck qui avait été aménagé cet après-midi. Il doit être un comte bricoleur, remarquez.

"Prenez soin de vos robes, car ce goudron est encore mouillé", dit Aleck aux filles.

"Oui, mec, c'est vrai", dit Sandy, en prenant un coup de poing avec ses doigts, et en syne dichtin't sur la queue de son sirtoo, le personnage douillet, "et je devrais dire sic un bizarre!

"Mec, Aleck", dit Sandy, alors que nous étions sur le green juste en train de jeter un coup d'œil autour de la botte, "ça ressemble juste à l'image sur laquelle tu es assis sur cet arbre là-bas, et Pappit Gairner Winton avec". Oslins que tu lui as volé son gairden. Je pense que j'étais là quand il est venu dire à ton père tes ongaens. Tu étais un garçon sauvage, je peux te dire que ton père t'a fait un affreux. 'paikin'; mais tu t'en souciais un peu. Il ne te bronzait pas vraiment quand tu rugissais 'Hairy Grozers' - c'était le surnom des Gairner - à la porte du magasin de Winton. plongeon."

Aleck s'est lancé très vite dans les frères de Sandy, et ils étaient tous les deux bien gros et trois fauds avant d'avoir une demi-heure ensemble. Pourtant, je pensais qu'ils auraient commis un autre péché dès qu'ils seraient doakit.

Quand nous sommes revenus, la mère d'Aleck avait un bon dîner prêt sur la table. Elle avait une can'le ici et là, et des rondelles de chuckinwirth et du persly éparpillées autour des rob-roys. C'était vraiment sympa. Il serait normal que vous pensiez que vous étiez parmi des bagarres. J'étais juste assis, en train d'admirer, quand Aleck dit : "Oui, alors, tu es prêt ?"

Nous avons dû faire un clin d'œil jusqu'à ce que Maîtresse Mikaver coure chercher un couteau à Mey Mershell.

"Mester Bowden dira la grâce non", dit Aleck; et Sandy était debout comme un coup de feu, prêt à se racler la gorge. Je pense qu'il ferait une gouttière d'une manière ou d'une autre, et donc je la garde ouverte. Sandy a fermé le sien, et le reste aussi. Il s'est penché en avant et a étalé ses gros morceaux de mains sur le robinet de la tourbe d'un gros tert de roobarbe. "O Seigneur", c'était la longueur qu'il avait atteinte lorsqu'il était entré, près de l'elbas parmi le het roobarb ; et par le skoilin et le rugissement que j'ai jamais entendu, il n'y a jamais eu de pareil ! C'était une grande grâce, je peux vous le dire ! Ce ne sera ni le matin ni le lendemain, mais je l'oublierai. Il a rugi et hurlé comme si je savais quoi, et des terts de roobarbe en roseau à robe noire, jusqu'à ce que je pense qu'il aurait ouvert la terre même.

"Oh, ferme ta langue, Sandy Bowden !" J'ai pleuré, ma tête elle-même aimait river avec «son yalpin».

"Haud ma langue?" dit-il. « Hoo, puis-je tenir ma langue et mes airs mijotent dans une jeelie bouillante ? »

Juste à ce moment-là, Aleck a vu le manteau de Sandy, mais le pantalon avec lui et l'a garé, il a poussé ses armes au-dessus de la tête dans la poche de sol de sa mère. Cela a défini la douleur en un clin d'œil, et après un moment, nous avons fait ramer les airs. Je ne pourrais pas dire à l'un ou l'autre fowk guid-nicht, mon hert était ce monsieur ; et Sandy tournait sa tête comme un chien malade. Puir mec, il a plus de mibby que moi à faire; mais je lui aurais donné un billet de cinq livres alors que je n'avais pas quitté mon propre logement cette nuit-là. Je vais me coucher, car mon hert est parfaitement dans mon meuh.

IX.
LA GRANDE TEMPÊTE DE NOVEMBRE 1893.

Eh, monsieur, quelle nuit nous avons eu ce matin de Setarday ! Oh, tiens ta langue ! Même si je devrais vivre assez longtemps pour enterrer Sandy Bowden et avoir des noces d'or avec mon deuxième homme, je ne l'oublierai jamais. Ça me fait trembler de devoir y penser. Sandy est parti avec les cheveux coupés à l'arrière de sa tête, et une fleur ou cinq bandes de plâtre collant collées sur son cadavre. Il a eu un terrible accident, mon vieux. Je pensais que sa tête était prête à être brisée, mais, heureusement, elle est devenue bien plus dure que le biscuit avec lequel elle est entrée en contact .

Il était environ une heure environ lorsque Sandy m'a offert un cadeau avec son Elbe qui m'a fait sauter. J'ai eu une journée très chargée vendredi; et je dormais dès qu'il y avait un robinet.

"'Oman," dit-il, "il y a quelque chose d'effrayant qui se passe quelque part dans le yaird. Que serait le Dyed Wallop et son homme en train d'aller chercher, ou qu'est-ce que ça peut être sur la terre du monde ? Écoute, Bawbie ! As-tu avez-vous déjà entendu sic yawlin ? »

« Bénis-moi, Sandy, » dis-je, « c'est le vent qui souffle à travers les arbres dans le jardin du banquier, et qui pétille dans les tuyaux des barils d'eau. C'est sûrement un affreux vent. "

Juste à ce moment-là, vous auriez pensé que le diable lui-même s'était emparé du cadre du vent. Il a fait crépiter le bruit comme le tonnerre au théâtre Hewy White ; puis il a hurlé, et a hué, et a grogné comme cinq cents chats et comme beaucoup de chiens qui les tordaient, et le groupe les attendait en même temps. Cela s'est terminé avec un yawl terrible ; et Sandy a plongé dans les claes.

" Vous n'aviez pas peur, " dis-je, " pourquoi fuyez-vous là- bas ? Vous aurez mes pieds coupés à mort avec froid. Allongez-vous sur votre oreiller et mettez les chaussures à l'ajustement. O' le lit. "

Pendant un moment, j'ai été frappé pendant que cela continuait, et parfois, je pensais étrangement que le lit tremblait. Oor birdie (il s'accroche au vent) a commencé à trembler de peur, et je voulais que Sandy se lève et prenne le puir cratur doon.

« C'est une feinte de peur pour moi », dit-il, le larbin sans pitié qu'il est. "Si tu veux que le canari soit dans le lit à côté de toi, tu peux te lever et l' emmener avec toi."

Je me lève et prends le puir craturie doon , et je le pends de l'autre côté de la pièce ; et, remarquez, vous voudriez raley thocht le peu bestial kent, car ça gae un peu de coodie piou ou twa, un juste cooer doon pour dormir à nouveau. Juste au moment où j'étais en route pour mettre le gaz, ça a fait deux ou trois coups bas, et ça a marché ; et avant que je sache où j'étais, il y a eu un reeshilin' et un' rummelin' sur le ruif qui wudda à proximité fleggit le même peuple dans le kirkyaird. Je me dirige vers mon lit par cheminette, et dans les classes, et je reste allongé pendant environ un moment en m'attendant à ce que les cuples soient sur le robinet, et que les bruze baith soient à pooder. Après cette halte agitée, je repart avec ma forme pour Sandy ; mais il n'était pas là.

"La réserve est un", dis-je, heich oot, "qu'est-ce que tu es, Sandy ? Es-tu là ? Qu'est-ce qui t'arrive ? Es-tu mort ?"

"Je suis là, Bawbie", dit une voix tremblante dans le lit. "Je suis là, Bawbie. Tu entendras le tuter de Gabriel juste dans le noo. O, Bawbie, j'ai été un petit pied de page d'un homme, et un "mal fou" tout au long de mes journées. Parce que tu vas juste mettre la Bible dans les tiroirs, Bawbie. As-tu entendu les montagnes et les rochers commencer à tomber ?

"Viens là-bas, Sandy", dis-je, dis-je, "et non, tu vas mourir, et tu seras à bord de gens fous avec toi et tes reums. Les montagnes et les rochers C'est la brique et les canettes de bière qui sont dans le camp de Maîtresse Mollison, je pense. Et je pourrais aider à ajouter... " Il est trop tard pour commencer à réfléchir à la Bible après que Gabriel ait commencé à se faire exploser, Sandy. Viens dans ton lit ! "

Sandy s'est coincé entre le lit et la porte ; et à un vrombissement ilky au vent, il se mit à gémir comme s'il était terriblement malade de l'intérieur ; et oui, il disait : "J'ai été un gaen-aboot vegabon' paresseux, et un vague vague. Oh chérie, Bawbie, qu'allons-nous faire ?"

Je suis revenu vers moi au bout d'un moment, j'ai levé et essayé le gaz, et ça s'est allumé a' richt. Le vent déchirait et frappait le ruif à ce moment-là, quelque chose de terrible. « Nous allons descendre l'escalier, Sandy », dis-je ; et je me suis dirigé vers la porte.

"Pour l'amour de moi, Bawbie," rugit Sandy hors du lit, "attends que je mette en culotte. Si tu m'aimes, j'irai dans une crise - comme le rivage est ocht."

Nous sommes arrivés dans l'escalier et j'ai allumé le feu et j'ai fait bouillir la bouilloire, et nous nous sommes assis et avons écouté le vent hurlant sur le lum, et gémissant et gémissant parmi les arbres qui surplombent la route, et soochin' autour de la machine à laver. Je n'en ai jamais entendu parler. Le nicht o'le fa'a'in' du Tay Brig n'était que le souffle d'une bougie à part. Au milieu d'une horrible soirée, il y a eu un frisson effrayant à la porte d'entrée, et Sandy Fair s'est précipitée sur sa chaise avec le début.

"Tu es là, Sandy ?" s'écria Dauvid Kenawee d'une voix un peu nerveuse.

Je suis arrivé et j'ai ouvert la porte, et voici Dauvid et Maîtresse Kenawee - Dauvid avec ses pintes qui roulaient entre ses pieds, et son weyscot lowe, et Maîtresse Kenawee juste avec son petit crétin et un shalie dessus.

"C'est sûrement la fin du monde qui approche", a déclaré Maîtresse Kenawee en s'apprêtant à la saluer. "Oh mon Dieu, je pense que quelque chose va m'arriver."

"Tuts ' oman , asseyez-vous", dit Dauvid, même s'il était en état de chute face à elle. Je pourrais voir ça brutalement.

La vue du puir wafilly budy a en quelque sorte chassé la peur de moi ; et je lui ai caché une tasse de thé, et je l'ai craqué jusqu'à ce qu'on ait son doon à l'éclat de vache. Leur vent avait été enfoncé dans le dos, et Dauvid avait essayé de se protéger du vent avec un matelas ; mais le vent avait bouleversé Dauvid et les talons du matelas, et la femme était tombée dans un état terrible. Ils pourraient attendre dans le bateau un peu plus longtemps , et dans les pires cas, ils s'enfuiront à travers un fer à repasser, des sklates, des briques, des canettes de lum, et du gless, pour voir si nous les ferions entrer.

J'ai attaché l'animal de Sandy avec un peu de jambon, j'ai tiré vers le haut de la table et j'ai essayé de les garder libres d'y penser ; mais à ilka whiz et grognement, le vent gae, Baith Sandy et Maîtresse Kenawee le démarrèrent et prirent une longue inspiration.

Je suis sûr que nous n'avions pas bu un moofu' o' tea drucken, et Sandy était juste là pour prendre le jambon, quand la poêle à frire lui a frappé la main, et le lum est venu avec un pozel. o' des briques et des fermetures qui ont rempli un cairt. Sandy est tombée en arrière et a frappé Maîtresse Kenawee dans la grippe. La trempette au jambon a remonté le lum dans un gloze , et voici Sandy et la femme de Dauvid allongées au milieu d'un détritus. Le visage de Maîtresse Kenawee, ma chère chose, était aussi blanc qu'un manteau ; mais celui de Sandy était aussi noir que l'homme More o' Vennis, le bleckie qui insultait sa femme au théâtre parce qu'elle s'acharnait avec un crétin.

Quel travail Dauvid et moi avons fait pour les contourner. Nous avons mangé un brandie doon drappie dans leur gorge ; et Sandy a ouvert son een et a dit : "Oui, j'ai été un horrible blackgaird ; j'ai ça !" Il était arrivé sur le dos de sa tête avec une boîte de biscuits à base de farine de peyse, et avait brisé la boîte de conserve et envoyé la farine s'enfuir par-dessus le bateau. Mais cet animal avait reçu un terrible coup sur le dos de la tête, et il était en train de devenir gris. Gin daylicht brook, Dauvid et moi avions mis les deux en ordre, et Sandy a pu ouvrir la boutique. Il a eu un terrible tiraillement avant de pouvoir ouvrir la porte ; et il est entré en moi et a dit : " Dod , Bawbie, je pense que la pute a reçu un terrible coup. La porte du magasin ne reviendra ni ne sera abandonnée ! "

Je suis allé voir ce qui se passait. Eh, monsieur, si seulement vous aviez vu notre rue ! La plage près du Saut Pan, où il y a un coup d'État gratuit pour les détritus, n'était rien jusqu'à présent ! Je pensais juste à l'image, dans notre grande Bible, de Jérusalem quand les gens revenaient de Babylone jusqu'à ce que... c'était juste un cairn avec des pierres basses et des demi-briques.

Il n'y a personne pour oublier vendredi, pas à la hâte, ou je me trompe.

X.
SANDY ET SES FAIRNTICKLES.

Il y a deux choses que Sandy Bowden a toujours péché avec lui – et ce n'est ni le jour ni hier – ce sont des choses justes et des trucs ridicules. Je n'ai jamais eu l'impression que Sandy était sans une paire de buits aux côtés élastiques qui couinaient vers l'église comme deux poules coassant. J'ai vu des gens se retourner parfois sur leurs sièges, quand Sandy arrivait en grinçant dans le passage, car ils pensaient que c'était une fanfare qui arrivait. Mais Sandy semble penser qu'il y a quelque chose qui rappelle le sabbat. -comme dans les cheepin' buits, et il s'y colle, rissen be't ou neen. Je peux vous le dire, c'est un bonheur qu'il n'y ait pas d'argent comme lui, sinon nous aurions des rues grises le jour du sabbat. Le bruit que font les maîtres d'une vingtaine d'enfants comme Sandy avec leurs semelles de buit rendrait la vie dure à tout le monde.

Quoi qu'il en soit, ce n'était pas l'affaire de Sandy que je devais vous le dire tout de suite ; c'était mon nom. Mais avant de dire quoi que ce soit à leur sujet, je dois vous parler des Fairntickles. Comme je le disais, le terrible poil de Sandy lui chatouillait le cou et les côtés du nez, et de peur que les vacances ne lui fassent un mouchoir plus que d'habitude. C'est aussi un homme gey prod, remarquez, même s'il ne le fera pas. Mais je peux vous dire que ce n'est pas une huile capillaire de bawbee-wirth o' que Sandy dit la semaine. Mais ce n'est ni ici ni là.

Eh bien, Sandy avait parlé de ses plaisanteries à Saunders Robb. Saunders, à mon avis, n'est qu'un vieux connard. C'est un hoddel-dochlin', un wisgan o' a cratur qui a l'air affamé ; et, j'en suis sûr, il a un esprit qui correspond à son corps. Il n'y a rien qu'il ignore – et en fait, il ne sait rien. Il est oui, c'est lui qui améliore le travail des gens. Il n'y a rien que Saunders pense pouvoir améliorer, à part lui-même, Mibby. Je ne peux pas me baigner avec le petit méchant bavard, fykie, kyowowin. Il donne toujours des suggestions et des indices sur ceci et cela. Il n'est rien d'autre qu'une suggestion en soi, et je suis sûr que je pourrais le jeter dehors, avec le bon gars.

Eh bien, il avait donné à Sandy un remède contre ses cornichons, et Sandy, indifférente envers moi, avait obtenu quelque chose du drogué et l'avait mélangé avec une crème aux trois bawbee's-wirth o' que j'avais à l'étage. presse. Il s'en était frotté le visage et le cou avant d'aller se coucher ; mais il n'était pas au lit quand il devait se lever. Et sik a sicht comme il l'était ! Son visage et son cou étaient comme ceux des mairies jaunes et jaunes ; et même si j'ai pris du soda, de la poudre et de la brosse à récurer jusqu'à présent, Sandy est encore en marche, comme s'il n'avait plus de cinq ans de jaune et de jaunisse en même temps.

« Vous feriez mieux de jeter un coup d'œil à Saunders pour savoir ce qui en résultera », lui dis-je l'autre matin.

« Si j'avais la main sur Saunders, je prendrais mieux que les Fairntickles qui l'affrontent », dit-il ; et puis, remarquez, on ne peut pas dire qu'il ne le fera peut-être pas ; c'est un Carlie Sandy courageux, quand il est élevé.

Mais, en ce qui concerne cela, je n'en suis pas désolé, car cela gardera la créature à l'écart de l'endroit. Si Sandy a mis ce canapé dans la machine à laver, lui et les deux trois maîtres ne sont jamais restés couchés. Mentir, fumer, cracher et craquer sur la vie comme une trauchle, et ainsi de suite ! Je vous le dis, si cela avait empêché Muckle Langer , je leur aurais donné un jour un seau d'eau sur leurs pattes ; c'est juste comme fac's ocht.

Mais je dois vous raconter mon méchant avec mes noo buits. Je suis sûr que cela a ravi Sandy. Il pense qu'il a un cheveu dans le cou, non, ça va lui faire gagner un moment. Il n'en avait pas besoin, je peux vous le dire. Si le maître ilky qu'il a fait avait été un cheveu dans son cou, je le swag, il n'y aurait pas eu de place pour beaucoup de Fairntickles.

Eh bien, je suis parti vers l'église de peur que Sabbath... Sandy, bien sûr, ne s'enfuie avec son visage et son cou jaunes. Il avait mis un cataplasme de son pour voir si ça ferait l'affaire. Je ne peux pas faire de wi 'noo buits ava, tant que je ne les ai pas portés depuis un moment. Je les caresse sur mibby pour faire une course ou deux, jusqu'à ce qu'ils soient prêts à me mettre en forme, et je peux les amener à l'église. Mais je ne peux pas m'asseoir sans aucun buit ; ils sont si inquiets. J'en ai eu une nouvelle paire avant Fursday, et je les ai essayées le sabbat matin. Mais non , non ! Même si mes vieux anes étaient très binkit, et usés au niveau des talons, je les ai juste enfilés très précipitamment, et je me suis mis à l'église, laissant Sandy veiller après la tanière.

Je me sentais un peu bizarre quand j'ai commencé; mais je pensais que c'était juste la hâte, et qu'un souffle d'air me rendrait riche. Mais faigs, remarquez, au lieu de mieux, j'ai grandi waur. Mes jambes étaient comme pliées sous moi, et mes genoux se sont levés de nouveau comme s'ils avaient un débat sur quelque chose. J'ai eu un petit freinage sur moi, et j'ai dû m'arrêter sur le brae et saisir la rampe, ou, c'est juste comme ça, j'aurais été sur la route sur la tresse de mon dos . Je pensais que j'allais avoir un roraborialis, ou quelques-unes de ces terribles maladies. Eh, j'avais peur de le faire en pleine rue ; J'étais ça ! Mysie Meldrum m'a remarqué et elle est venue en courant pour voir ce qui se passait.

"J'ai pris un awfu' dwam, Mysie", dis-je. "Je pense que je vais bien. Tu peux juste t'asseoir sur la balustrade jusqu'à ce que les gens soient là."

"Je pense que nous sommes sur le point de commencer, Bawbie", dit-elle.
"Nous sommes en retard, mais je vais vous écarter, ma fille."

Nous nous sommes assis pendant dix minutes, et je me suis retrouvé un peu
autour, et je pensais que j'essaierais de me retrouver. Maîtresse Kenawee avait
enfilé ses tatouages et était venue chercher une squame un peu, et avait
remarqué les deux ; alors elle est arrivée, et j'ai pris son avion et celui de
Mysie, et, même si c'était un travail difficile, nous avons essayé de le
récupérer. Et j'étais heureux quand j'ai revu le nez jaune de Sandy, je peux
vous le dire, car j'étais sûr que je serais à moi dans mon premier lit.

"Le Seigneur préserve est un '!" dit Mysie quand elle a vu Sandy. "Qu'est-ce
que c'est que le nom de la paix t'est venu ? Je vais devoir y aller ! J'ai les
enfants de Leeb à la maison, tu vois, et c'est l'collerie ou la peste des rendus
ou quelque chose qui est venu sur toi, et" J'ai peur de frapper les bébés, sinon
je devrais y aller, tant que je suis en vie, je devrai y aller ! » et elle a disparu à
la porte avec un visage comme le kauk de White.

"Je pense que je vais appeler le docteur, Bawbie", a déclaré Maîtresse
Konawee. Elle s'est déjà promenée sur les fairnickles de Sandy auparavant,
bien sûr, et le fizog jaune de Sandy ne l'a pas caressée.

« Attends un instant, dis-je, jusqu'à ce que je voie si je reviens à moi-même. »

Je me suis assis dans le fauteuil, et Sandy était dans un état terrible en se jetant
sur moi. Il ne pourrait pas dire un mot, mais il continuerait à dire : "Oh, je ne
le dirai pas, Bawbie, je ne le dirai pas ; ton dîner est prêt !" Il m'a regardé et
hué jusqu'à ce qu'il soit pour le monde, juste comme un couteau à moitié en
acier, il rugit, "Qu'est-ce qu'il y a avec tes pieds, Bawbie ? Regarde-les ! Tes
taes sont tu es devenu juste comme les mains du coup, à vingt heures du
matin, tu n'es sûrement pas prêt à faire un coup de parrylattick.

J'ai l'air bien , et bien sûr, mes pieds étaient retournés et enroulés comme s'ils
étaient gaen loin derrière mes talons. Maîtresse Kenawee s'est mise à genoux
à côté de moi.

« La réserve est un', Bawbie », dit-elle ; "Vous avez vos fesses sur les pieds
tordus ! Pas plus vite que vos genoux ne s'entrechoquaient avec vos vieux
talons usés retournés à l'intérieur, et vos talons se sont retournés."

Mais je ferais mieux de ne pas dire nae mai à ce sujet. J'étais tellement en
colère; et Maîtresse Kenawee, la bissam, était sur le point de se lancer elle-
même ; mais; Je vous l'assure, je n'ai jamais eu un seul vol de ma vie, et c'est
tout simple aussi, remarquez.

XI.
SANDY SE TIENT "EMPIRE" LORS D'UN MATCH DE CRICKET.

J'étais assis vendredi non, en train de lire quelques extraits du *Herald* que je n'avais pas consultés vendredi, lorsque la porte du magasin s'est heurtée à l'heure, et dans des fleurs martelées ou cinq morceaux de huards par jour. ' sur les talons d'un autre. Quand ils m'ont vu, ils sont restés immobiles, le nez avec leurs manches de jeckit, et ils m'ont regardé comme des moutons volants.

"Allez, Jock", dit l'un d'eux, et l'un ou l'autre un shuve forrit. "Vous êtes le capitaine, parlez-vous."

Jock est allé un hôte, et a posé sa main - un peu plus sale et c'était le cas - sur le comptoir, et s'est mis en forme, il a dit : "Est-ce que c'est ?"

"Qu'est-ce qu'il pourrait être ?" dis-je.

"Sandy", dit le capitaine.

"Qu'est-ce que Sandy ?" dis- je.

"Non", dit un des birkies à ce moment-là ; "votre Sandy—Sandy Bowden."

"Oui, il est là", dis-je; "Mais ne faites pas attention et cherchez leurs noms les plus riches lorsque vous les cherchez. Vous pourriez en avoir assez pour dire Mester Bowden, ou Alexander Bowden. Votre professeur ne vous le dira pas."

Je suis parti dans la cour pour chercher Sandy, et juste au moment où j'étais arrivé à la porte arrière, j'ai entendu un des sacs dire : "Qu'est-ce qu'elle bavarde ? C'est lui, Sandy elle-même ; j'ai je l'ai entendu parler. Avez-vous déjà entendu parler de ce que les jeunes impudents ont tous les jours ? C'est Raley Terple. Quand j'étais jeune, si j'avais entendu ce genre de chose, j'aurais reçu une claque sur le côté de la colline qui aurait garré les autres .

"Oo, oui", dit Sandy quand je le lui dis. "Ce seront les gars du Callyfloor CC. Ils ont dit qu'ils étaient mibby genna, regardez là-bas."

Il est arrivé et a emmené les huards à l'arrière-boutique, et je les ai entendus dire qu'ils voulaient qu'il soit l'empire lors de leur match contre le deuxième onze du Collie Park. Il y avait un fou kurn fowk qui est entré dans le magasin, et je n'ai pas entendu nae mair ; mais après un moment, Sandy est venu à la porte avec les dames, et, leur faisant un signe de la main, il leur dit, alors qu'ils étaient repartis, "Un plus grand que trois coups précis, je ferai de mon mieux. ".

"Qu'est-ce que c'est, non ?" dis-je. "Nae mair o' yer fitba' pliskies, je hurle."

"Oh non", dit Sandy. "C'est une délégation du Callyfloor CC. Je leur ai donné une boîte orange par semaine ou deux fois par semaine pour transporter leurs chauves-souris et leurs guichets, et ils m'ont fait leur modèle."

"Un modèle plutôt bizarre", dis-je en lançant. "Faigs, Sandy, s'ils se façonnent selon ton modèle, leurs mères et leurs femmes - si jamais elles atteignent cette longueur - perdront un mouchoir de sommeil avec eux, je pense."

"Aussi, Bawbie, tu as juste l'air d'une vieille femme", dit Sandy. "Ce n'est pas le genre de modèle que je veux dire ;" et il est allé chercher le *Herald* et est arrivé un peu que je n'avais jamais remarqué, disant que "Alexander Bowden, Esq., avait été élu patron du Cauliflower CC et avait généreusement contribué aux fonds du club. "

"Oo oui ! Je vois," dis-je. "Et qu'as-tu généreusement donné aux fonds du club ?"

"Oh, c'est juste la boîte orange", dit Sandy. "Mais ils me veulent pour l'empire l'après-midi. Ils vont jouer le deuxième onze du Collie Park CC, un match au bâton et aux guichets sur le Wast Common. Ce sera une affaire rare. Vous pourriez avoir Maîtresse Kenawee. chercher un « oor ou un twa » derrière le magasin et venir au revoir, Bawbie.

Eh bien, pour faire court , Sandy et moi sommes allés au Wast Common cet après-midi de Setarday ; et nous nous sommes dirigés vers un coin du Common où il y avait une centaine de huards rassemblés. Le dollar qu'ils avaient appelé le capitaine a été perdu. Il était berfit, et avait sa veste et son weyscot affublés, et ses galaces abaissées sur le devant et attachées autour de son weyst.

"Nous avons gagné le tirage au sort, Sandy", dit-il, "et les genna de Collie Park s'occupent du willa en premier. Nous les avons envoyés voir ce qu'ils vont faire."

Sandy m'a pris un peu le bras, et je me suis mis sur les filles avec Nathan à mes côtés. Je l'ai emmené avec moi juste pour expliquer le match, tu vois, et sur les chauves-souris et les guichets, et sic comme, et ainsi de suite, parce que je ne suis pas juste au courant des bottes et dans le truc. Beaucoup de huards se sont rassemblés autour et se sont couchés sur les filles, et ils ont gardé la langue pendant le jeu, je peux vous le dire. Vous pensiez qu'ils connaissaient mieux le cricket que les huards qui jouaient.

Eh bien, le match a commencé. Ils placèrent Sandy à l'extrémité la plus proche de la digue ; et, faigs, il a l'air bien, remarquez. Le capitaine huard se moque des machines à chahuter, et il a pris un aperçu du manteau de toile blanche du deuxième contremaître et est allé voir Sandy. C'était pour garder son hangar en place après l'air de l'écope, a déclaré Sandy ; mais cela ne semblait faire aucune différence pour son hangar. C'était juste à l'endroit précédent, autant que je puisse voir.

Très vite, le match a commencé, comme je le disais, et quelque chose s'est bien passé pendant un moment. Les gars de Collie Park s'en sont bien sortis pendant un moment, mais certains d'entre eux n'ont pas frappé le ba' aussi longtemps que les autres, et ils ont commencé à rugir.

"Non, Batchy", dirent certains d'entre eux, alors qu'un huard à l'air gris et courageux prenait la batte, "frappez-le. On verra si vous connaissez la couleur de la balle de Snapper Morrison."

Sal, attention, et Batchy n'était pas prêt à faire ça. Il ferma son een, et frappa le bateau, et il repartit au-dessus de la digue.

"Eh bien, loin", rugirent les huards autour de moi. "C'est un sixer. Jouez, Batchy!"

Batchy lui a craché dans les mains et s'est préparé pour le prochain ba'. Il a dû y conduire, mais il l'a raté, et il a ouvert ses guichets. Vous n'avez jamais entendu parler de sic.

« Une furtivité fleurie ! » rugirent les dames à côté de moi. "Je n'y vais pas, Batchy. Il a ramé sur la route."

Il y avait une sacrée bey-o-doin', et une cinquantaine de gars autour de Sandy, qui criaient jusqu'à lui à la fois. Après un long laberlethan, l'écope a eu trois tentatives aux guichets de Batchy, parce qu'il a essayé de récupérer ce qu'ils avaient pu se faufiler. Mais il a raté un temps difficile, et syne Batchy wallapit la ba' a' ower the Common, et 'foo frae bout à bout des guichets comme s'il n'était pas wyse. Mais c'était une marche assez lente pour Sandy, et je pense qu'il était fatigué, car les gars autour de moi ont commencé à dire : "Il y avait treize ba's là-dessus ; je pense que Sandy Bowden est en train de rêver", et donc sur. Je pense que moi-même, Sandy avait doverin', pour le guichet de Batchy, et que tous les huards qui jouaient poussaient un miaulement au même moment - "Comment ça va ?" Sandy près de se mettre en marche dans sa blouse blanche au départ ; et, prenant ses talons, il était à cent mètres du Common avant qu'une des dames ne l'attrape par la queue, et voyait où il fuyait jusqu'à.

"J'avais faim", dit Sandy. "J'ai été récompensé par le péage d'un biskit." C'était un vent ; car il m'a dit plus tard, quand il a entendu le rugissement, que c'était un des ki gane wild de Sandy Mertin ; et il a pris la fuite, pensant que c'était après lui.

"Cet empire fleuri est un pur gel", ai-je entendu certains huards dire. "Il ne peut pas coont; et non, il va arrêter le match parce qu'il a faim. Qui a déjà entendu parler d'un empire qui a faim?"

Sandy est rentré chez lui et le match a continué. "C'est fini," dit l'autre empire par Sandy ; et le gars qui jouait dit: "Eh bien, alors, je vais voir et me débarrasser." Il a fait un très bon tour avec son bras, et au lieu d'envoyer le ballon vers les guichets, il a jailli de la fleur et a poussé Sandy dans un yark sur le côté du heid.

« Voilà, dit l'autre empire ; "mais ce n'est pas un guichet pour ça." Sandy s'élançait avec sa tête dans son bœuf, et les gars rugissaient et se lançaient comme pour se tuer.

J'étais ance genna gae doon et je l'emmenais à la maison ; mais je pensais que ça aurait l'air plutôt bizarre, alors je l'ai attendu un peu. Le capitaine huard s'est mis à jouer, et c'était un écope à l'air sauvage et gey. Le plus jeune homme du Collie Park – c'était un petit craturie de berfit avec des 'nicker-buckers et' un chapeau de paille — était là, et le capitaine lui a donné une terrible fissure sous le genou avec le ba'.

"Comment ça va ?" hurla-t-il à Sandy.

"Mec, je crois que c'est tombé, monsieur", dit Sandy en frottant le côté enflé de sa tête.

Et les huards se lancent dans la mise à l'eau, et le capitaine rugit à nouveau : "Oui, mais comment ça se passe ?"

"Vous pouvez facilement voir comment ça se passe", dit Sandy. "Les ba' le traquent d'un yark sur le kut."

Il y a eu mair launchin', et j'ai vu que Sandy était en train de se relever.

"N'est-ce pas m-b-w., espèce de vieux bloit ?" » dit le petit wisgan impertinent d'un capitaine, en se tenant devant Sandy.

"Je vais vous doubler", dit Sandy, "si vous ne me donnez qu'une seule conversation, vous êtes à moitié attachés au cornet goloch 'comme vous l'êtes" ; et il prit le sac un kleip sur le côté de la colline avec son corps ouvert qui le renversa sur le robinet des guichets comme un chiffon. En une demi-heure, les cent jeunes filles étaient autour de Sandy, et lui était allongé parmi eux avec l'un de leurs propres guichets.

Je vais offrir au Gallyfloor CC quelque chose de leur modèle, de peur que Setarday ne soit oublié, qu'ils n'oublieront pas de sitôt. Des hommes sur le Common Cam'doon ont chassé les huards loin de Sandy avec des ratés, et nous sommes arrivés à destination sans aucun incident supplémentaire ; mais tout d'un coup, j'ai entendu Sandy se précipiter vers lui, et dire un truc idiot et que : "Des petits diables mal en point ; et je leur ai donné une boîte d'orange aussi !"

Nathan est arrivé juste avant que je ferme le magasin et a dit à Sandy qu'il y avait eu une "affreuse" dispute sur le Common. "Certains des gars du Callyfloor," dit Nathan, "ont blâmé le capitaine pour vous avoir donné de l'insolence, et ont dit le coup de poing dans la patte qu'il avait eu, il l'a dit richement. Alors il a enfilé son jeckit et ses buits. , et j'ai obtenu la meilleure batte et la meilleure batte, et puis il rugit à sa guise, "Le club est détruit." Vous n'avez jamais vu une telle dispute comme il y en a eu. Willy Mollison est dans le club, et il a eu trois bails et un guichet. C'est mieux que je n'aie rien cloué jusqu'à ce qu'il sorte du chien de Tarn Dargie. il était en train d'aller chercher le capitaine. Snapper Morrison n'a rien eu ; mais il a surmonté la digue commune et il était sur la route, et quand j'étais arrivé, je l'ai vu marcher dans le Loan avec la boîte orange. son heid. Il l'avait attrapé dans le coin des Tooties, où ils gardent leurs chauves-souris et leurs guichets. C'est une bonne chose qu'ils soient brisés à mon onyrate, et ils sont les seuls. club qui pourrait lécher ses gars.

"Oh, c'est un riche", dit Sandy ; et il est parti, aussi heureux que vous le souhaitez. Quand j'ai flâné dans la cour pour prendre une bouffée d'air frais, après avoir fermé le magasin, le voici en train de dégringoler des chats, et de rester sur sa tête au milieu du green, avec Nathan et deux ou trois soit des huards coosies! Avez-vous déjà entendu parler d'un homme ?

XII.
Un terrible désastre dans le GARRET.

Je suis sûr que je n'ai pas besoin de me déplacer pour transporter les bawbees ! Cet homme à moi se déchaînerait, hamsh et s'envolerait mieux que je ne pourrais le sauver, même si j'étais millionnaire. Je ne veux pas que je n'entende pas de bruit dans l'escalier. Que fait-il jusqu'à midi ? je pense à moi-même. Vous connaissez notre mansarde ? C'est un peu colocataire, et nous dormons là-haut pendant les nuits mijotées, car la chambre au rez-de-chaussée a ce genre de recherche, je ne peux pas fa' ower ava parfois. J'ai donc fait faire le grenier en rale snod an' cosie. Il y a un beau lit fixe, et j'ai les chaises de chambre que j'ai eues quand ma tante Leeb a fait un acte, avec un ou deux rangés, et une table ronde à l'ancienne chez moi dans une rangée... un de ces anes qui se redressent et reviennent à l'endroit où vous n'en avez pas besoin. Tante Leeb m'a aussi laissé son grand look. Cela dit, elle avait un vendeur de shooters au Fit o' Collie Park, et elle avait un grand plaisir à voir ses clients voir comment leurs robes étaient ajustées. Eh bien, j'ai réinstallé le gless juste à l'extrémité du grenier, près de la cheminée et cela a donné au colocataire un véritable air de joie et de gaieté.

Quand j'ai entendu le vacarme que faisait Sandy, je suis monté dans les escaliers sur mes tiptaes. Il était juste neuf heures pile, et j'étais justement sur le point de fermer le magasin. La porte était ouverte au snib ; et, garde-moi, quand je regarde à l'intérieur, voici Sandy avec un kilt d'Oddfella et un bushbie, et ses claes de la journée ilkyr qui traînent dans un pozel sur la table. J'ai plié le kilt chaque fois que je le voyais ; c'était l'aneth que Dauvit Kenawee porte dans les processions des Oddfellas. Sandy était à l'aise, et j'en suis sûr, si vous l'aviez vu ! Haude ta langue ! Vous n'avez jamais vu de photo. Je suppose qu'il avait pris ses affaires pour ne pas faire de bruit.

Eh bien, il était là avec un bawbee can'le coincé à nouveau dans le corps du lookin'-gleless, et lui en train de se lancer dans la grippe avant, avec le manche du bruyère bissam dans sa main, ne fouettant pas autour de ses pattes, progressant avec enthousiasme, et basculant ici et là comme une poule sur sa ceinture. Il a chanté doon , et jookit frae côte à côte, puis s'est précipité et s'est enfui vers quelque chose avec le puits de bissam. Syne, il a empilé le bout du bâton dans la cheminée, et s'est ennuyé et a grogné comme s'il n'était pas en train de s'enfoncer dans un pavé de menthe .

« C'est un autre règlement », dit-il en levant son bâton ; et je ne m'en fiche pas avec les pans de son kilt ; syne donne un coup de pied à quelque chose avec son droit : « Faisons-le ou mourons », dit-il ; « Les Écossais, qu'est-ce que c'est ; Wallace et Bruce pour toujours ; c'est foutu avec tous les Anglais en fleurs ; déchirez-les ; koo-heel ! » Puis il s'est enfui à demi-tour, et s'est enfui devant un café que j'avais assis dans un coin. "Allez, Mick Duff, tous les diables ! Changez votre esclavage", dit-il un peu heich oot, puis il a encore tiré sur la recherche et l'a raté, et a fait un trou dans le plâtre.

Il s'est arrêté et n'a pas écouté, de peur que j'entende le bruit qu'il faisait. Je ne l'ai jamais lu, mais je le garde aussi tranquille que la chatte.

"Auch, elle est dans le magasin", dit-il heich oot ; et puis il est revenu par cheminette et a abandonné, escrimant et plaisantant, se lançant un regard noir envers lui-même chez ceux qui ne regardaient pas ; et il serre les dents comme un blanc. Je pensais que l'homme avait fait un croquis. Il fit un bruissement avec le manche de bissam pour éclairer la lumière de la bougie qui bougeait d'un côté à l'autre. Il s'est alors redressé avant le coup d'envoi, et, touchant la ruine avec la pointe de son bâton, il a dit : "Viktory, viktory ! Bannockburn est gagné. Hooreh ! Hooreh !"

Juste à ce moment-là, il y avait un rare coup de foudre comme si cinquante éclairs avaient éclaté dans le vieux parc en fer de Kowper Collie. Vous n'avez jamais entendu parler de sic dès maintenant. C'était comme le craquement d'une centaine de canons ; et en un instant il faisait noir, et il y avait un tas de bouteilles cassées qui m'ont fait croire qu'il y avait eu un tremblement de terre dans l'arrière-boutique. Dans l'escalier, je prends la cheminée ; mais, avant que je sois à moitié fou, Sandy m'a mis propre sur le dos – kilt, bushbie, et tout le reste. Doon, j'ai joué comme un rickel o 'auld beans, et Sandy m'a donné le robinet, heels-ower-gowrie. Quand je suis venu vers moi, voici Sandy allongé sur le visage, au milieu d'une boîte d'œufs de Hielant que je venais d'ouvrir. La sangle du bushbie était autour de son thrapple, et elle était sur le point de l'étrangler, quand je l'ai coupée avec le couteau à jambon. Puis il s'est un peu retourné à moitié et a dit : "O Bawbie ! Je suis foutu. Il y a une bombe dans mon dos."

"Lève-toi," dis-je, "il y en a plus que ce que tu as pensé. Il y a deux ou quinze œufs dizzen o' gude brisés en morceaux. Que dois-je faire?" Il se lève; et si seulement vous aviez vu le sicht ! C'est comme fac's ocht, il suffisait de fuir les Français. Je ne l'oublierai jamais pendant que je respire. Il ressemblait à une femme de bidouilleur de berfit qui avait été aussi, et avait t'a'in, ower the heid, jusqu'à un tonneau d'oker jaune ; et collé sur son weyst, il y avait un de mes billets pour le vent : "Just in To-Day".

"Ô, Babbie !" » dit-il, « montez les escaliers et voyez si le ruif est toujours là. Je pense que quelqu'un a caché de la dianamite dans votre mansarde.

"Quand j'ai monté l'escalier avec une lumière, qu'ai-je vu sinon le bras de ma tante Leeb qui avait l'air sans rien faire dans la cheminée ? La lumière de la bougie avait brûlé contre elle, et" Je n'ai pas été déchiré en morceaux. Quand je me suis retourné, voici Sandy qui enlevait son kilt et qui s'apprêtait à caresser ses pantalons.

"Alick Bowden", dis-je - et mon cœur était grand - "Alick Bowden" - je l'appelle toujours Alick quand je suis en colère - "cela doit être la fin. Je ne peux pas y penser plus." '

"Pour l'amour de rien, Bawbie," dit-il, "je ne dis rien du tout, sinon je vais me bousculer ou me baver. J'aurais aimé avoir été cuit parmi ces œufs" ; et il a pris l'escalier qu'il a emprunté, avec ses culottes dans son bœuf.

J'ai juste dû aller dans mon lit et m'endormir. Je ne savais pas que Sandy venait jusqu'à ce que son lit soit ouvert ; et quand je me suis levé le matin, tout était débarrassé, et le grenier et l'arrière-boutique étaient balayés et en ordre, et Sandy était occupée dans la cour à pirater des bâtons et à siffler. ' "Hé, Jockie Mickdonal'", c'est juste que rien ne s'était produit. Il est resté là comme un chapelier depuis toujours, et il a quelque chose d'aussi soigné que neuf pence ; donc je ne peux pas dire un seul mot. Mais le non-raley n'est-il pas quelque chose de terrible ?

XIII.
LES VACANCES DE PRINTEMPS DE SANDY ET BAWBIE.

Vacances de printemps! Ouais ! Je ne l'oublierai pas de sitôt, je peux vous le dire. Mais je n'ai jamais vu de différence. Les vacances sont tout simplement une horreur parfaite, autant que j'ai pu en faire ; et pour le reste, je suis sûr que je suis toujours plus fatigué après des vacances qu'à la fin d'une dure journée de travail. Je suis juste un jour assis dans le train ; et hier, je pouvais à peine bouger, j'étais cette dune.

Mais je dois vous raconter l'histoire depuis le début. Vous m'avez déjà entendu parler de la mère de Meg Mortimer qui séjournait au Drum. Meg est dans une grande soirée à Edinboro ; mais j'ai vu le jour, je pense ! Weel div, ça me dérange quand sa mère a volé autour de Powsoddie. Elle est venue jusqu'à notre bateau pour chercher l'angle des twa kists, juste pour lui faire une apparition sur les cairts. Oui , elle l'a fait , noo-na-na ! Qu'en pensez-vous ? Ils étaient aussi puir's, je sais quoi, et ils ont eu beaucoup de repas de poulet pour cette fille, car Dauvid Mortimer était un homme gentil, même s'il était terriblement fou avec les reums.

Eh bien, Meg est partie au service et est tombée avec un homme qui avait trois heures de faim. Je peux vous assurer qu'il n'y a pas de tume kists dans son hoose noo. Elle a un gros travail à faire. Son homme est une sorte de heid pillydakus parmi beaucoup de marines, qui construisent des chemins de fer et des canalisations principales, etc. Il a fait un tas de bawbees. Mester Blair est son nom. Ils se rassemblent en grand troupeau autour des Meadows à Edinboro, et ils ont un grand serviteur et deux chiens ; par un peu de lassockie pour surveiller les bébés.

Meg était en train de voir ses amis depuis très longtemps , et elle m'aurait fait promettre de venir chez Sandy et de les voir. Elle n'aurait pas à dire non. Elle était vraiment une affreuse tague pour faire des langues, Meg. Cela me dérange quand elle n'avait que dix ans, moi, c'était six ou dix-sept ans, je pourrais avoir la can'le jusqu'à elle. C'était une petite bavardeuse. Eh bien, rizzen be't ou neen, elle m'a juste fait dire que je viendrais avec 'Sandy' et la verrais aux vacances de printemps ; et donc nous avons juste dû y aller.

Sandy avançait comme une poule pointant un sabbat, un week-end et un soir. Il avait le lit à l'étage qu'il pensait emmener avec lui. Un certain nombre de personnes pensaient qu'il partait en voyage autour du pôle Nord, au lieu de partir en voyage vers Edinboro. Il frottait ses fesses, respirait dessus, les frottait encore, se remettait en arrière et se regardait dedans. Il est un peu trapu, Sandy, remarquez, quand personne ne le regarde. Il avait son costume de goshore accroché au dossier des chaises autour du bateau. On dirait qu'il y aura une vente ou une tombola ou quelque chose comme ça.

Il est allé souper Donal dans le forenicht, et j'ai emmené une squame avec lui, juste pour me moquer de l'air de l'appelant. Quand je l'ai atterri à la porte de l'écurie, j'ai entendu Sandy parler à quelqu'un. J'ai jeté un coup d'œil au vent, et voici Sandy qui marche avec la couverture du cheval attachée en paquet dans la main, et un bâton dans l'autre. Il s'est arrêté dans le tume staw et a déposé son paquet rale comme smert ; Il regarde également le bâtiment jusqu'à Donal et dit d'une voix anglaise : "Twa billets aller-retour en troisième classe et retour à Edinboro !" J'ai vu exactement ce qu'il faisait ! Il s'entraînait à chercher les billets à la gare. Aïe, oui ; Sandy est comme un autre corps ! C'est un Carlie gey Breezie quand il est dehors, et sa bite est allumée !

Sandy avait son habitude de faire des barges dans le train, et je pensais qu'un homme et lui, qui sont arrivés à Carnoustie, avec sa femme, et une paire de Nickerbucker, étaient censés être là. au fechtin' a'thegither. Et puis, Sandy l'a snoddit avant d'arriver à Dundee.

Il y avait beaucoup d'hommes et de huards qui attendaient Carnoustie en train de jouer au gowf ; et Sandy dit : "Regardez ces créatures sauteuses avec leurs vestes de roseau, comme les singes de mes joueurs d'orgue, fonçant avec leurs bouts de bâton, se précipitant vers Indeen- des ba's en caoutchouc. Puir craturs!"

Mec, le type avec les Nickerbuckers s'est levé dans un affreux pavé, et a égaré Sandy pour les vagues - on n'a jamais entendu parler de ça !

"Ecoute, tu entends, mon petit birkie", dit Sandy, en lui faisant un clin d'œil sauvage et sauvage avec son riche, "tu parles quand tu as parlé jusqu'à ce que je ne me baigne pas avec des bigorneaux en papier mâché comme des gens comme vous ; mais si vous me donnez un peu de votre petite conversation, mec, je vais vous prendre et vous thrapper avec ce collier en papier qui se trouve autour du sorcier. oh oui. "

"Qu'est-ce que tu fais ?" » dit le Birkie Carnoustie en sautant sur ses pieds.

Le train a fait un shoag juste à ce moment-là, et il a fait une fleur au robinet de Sandy, et a brocht une boîte en fer blanc doish doon sur sa tête. Il a eu un bon plan, je peux vous le dire. Sandy a gardé son sang-froid quelque chose de turbulent, et il a juste posé tranquillement Doon Nickerbucker Tammie sur le siège et a dit : "Oui, huard, juste tu restes assis là jusqu'à ce que ta mère te donne un coup de nez, et attache tes gartins ; et " Tu en auras un morceau quand le trainie s'arrêtera. "

Vous n'avez jamais entendu sic lancer comme il y en avait; et l'ami de Sandy avait l'air d'avoir bu du gin, il avait bu un verre et avait reçu une horrible dose de chaud. Il n'a pas dit "guid-mornin'" quand il est arrivé à la gare de Toy Brig.

Sandy a eu deux ou trois premiers rendez-vous entre Dundee et Edinboro, mais j'ai le temps de vous en parler. Peety, l'homme qui commence à écrire la beebliographie de Sandy. S'il dit la vérité, Eksettera, il aura un sale boulot. La Bible de la faim sera comme un livre de heym à part le volume. Ils devront se lever tôt le matin qui lit la vie de Sandy, je vous le dis. L'homme qui l'écrit ne gagnera jamais son lit ava .

Weal-a-weel, nous l'avons atterri à Edinboro, une Meg l'attendait, et autant d'enfants avec elle auraient commencé une école raggit - même s'ils étaient des bagarres et des snods, je vous l'assure.

lui avoir serré la main , "est-ce que c'est ton litlan ? Dod , sic a cleckin !"

Quel connard qu'il est ! J'ai vu Meg grignoter ses gâteries en colère, et j'ai emmené Sandy dans le dos avec mon parapluie. "Dites Maîtresse Blair, espèce de whaup atyar mal élevé", dis-je dans sa patte ; et il s'est tourné vers moi et a dit, avec ses clins d'œil de type végabon, "Oui, c'est le monniment de Wattie Scott, Bawbie. Un grand homme, Wattie ! C'était lui 'à Wret Bailie Nickil Jarvie et " Le Reed Gauntlet et ainsi de suite. Il a passé une quinzaine avec " Luckie Walker à Auchmithie. Le grand-père de Bandy Wobster lui a vendu un chien quand il était là-bas.

Meg, les enfants et moi sommes montés dans le taxi, et Sandy, il serait sur le siège à côté du chauffeur. Comme je l'ai dit avant de monter, il n'était pas là depuis cinq mois quand il était à proximité de la fechtin' avec l'homme à bord du véhicule qu'il conduisait son cheval. J'étais ravi quand nous l'avons atterri chez Meg, car je m'attendais à ce que je vois le chauffeur de taxi - c'était un type mal famé et au visage rosé - jeter Sandy talons hauts dans le taxi ensemble. les bairns... il portait une tenue noire sur le cheval de l'homme pendant un vieux reeshil affamé, et il faisait l'éloge de Donal, ce terriple !

"Mec, tu viens de poser les rênes sur son dos, et il est parti comme le vent", l'ai-je entendu dire. "Il n'y a rien dans les environs qui puisse le toucher. Il peut trotter sur la High Road avec Sasteen Hunderwecht. C'est un topper ordinaire ! Vous devriez envoyer votre radger affamé à Glesterlaw" ; et ainsi de suite, il a continué, et l'homme s'est tourné vers lui comme un teegar.

Quand nous sommes arrivés aux Meadows, Sandy s'est promené sur la bête, riant jusqu'à ce qu'il se retrouve comme de l'eau qui coule dans une citerne à eau ; mais il le gardait hors de portée des kornals du chauffeur de taxi. Je m'attends à le voir contourner les Linders avec eux à cause de son impudence.

"Si vous veniez à Arbroath avec ce genre de chose, le Croolty to Animals vous attraperait avant que vous ayez franchi le péage", dit-il à l'homme. "Tu ferais mieux d'y aller aussi longtemps que c'est le cas. Si tu laisses ce Sharger Cule, il se raidira, et tu ne l'en sortiras jamais, jusqu'à ce que tu apportes un cairt. fort."

Le chauffeur de taxi a pris ses bawbees auprès de Meg, et s'est enfui , donnant à Sandy un regard noir comme un taureau puttin ; mais Sandy s'est juste lancée un peu et a crié : "Ta-ta !"

Nous sommes entrés dans la maison. Eh, c'est une place pour la technologie ! Haude ta langue ! Vraiment, c'est un beau truc. Sandy pouvait à peine mettre son chapeau pour lui lancer un regard noir ; et quand il l'a récupéré, il l'a remis à un des huards ; et, avant que vous cudida sen Jeck Ro bison, ils étaient dehors à la porte arrière, marquant des buts sans se faufiler entre les poteaux de classe sur le green. Meg était à la traîne avec un interrupteur rapide, et Sune avait le père de Sandy penché sur son pardessus dans le hall.

Nous n'étions pas ensemble quand nous étions en cam avec l'homme de Meg. Il a l'air vif, je peux vous le dire. Il nous serra la main avec autant de cordialité que nous étions venus pour lui donner du travail ; et en cinq minutes, aussi, tu aurais cru que Sandy et lui n'avaient jamais été considérés comme coupables de leurs premières filles. Je vais swag, Meg est fa'in sur les pieds hexagonaux, et "pas d'erreur" !

Je suis sûr que je ne me plains pas, mais Sandy Bowden a été un homme insatisfaisant à bien des égards ; mais, comme le dit la Bible, nous avons eu une sorte de dwang, et si je n'avais pas eu Sandy, eh bien, j'aurais peut-être eu un fils abattu ou une fille sans vie. Qui peut le dire ? Nous avons un mouchoir que nous méritons, nae doot. Je sais que je n'en ai qu'un ; mais ce n'est ni ici ni là.

Nous étions assis à profiter d'un crack, à regarder les vents, à observer les bébés dans leurs autocars, et les oiseaux s'enfuir aussi heureux que des grillons, à la recherche de mouches parmi les jeunes filles.

"Les Meadows sont très jolis à l'heure actuelle", a déclaré Mester Blair. "Les oiseaux eux-mêmes apprécient l'herbe verte et fraîche."

"Ils font ça", dit Sandy. "C'est un plaisir de les voir, leurs choses. Ils adorent un peu tout ce qui est vert. Je prends un peu de squames dans les bunkers un matin de sabbat pour un pucklie chuckin-wirth à Dickie, et toi Je penserais vraiment que le Cratur Kent. Il gleys doon quand j'entre, au point de dire : « C'est parti, Sandy ; je sais très bien que tu l'as dans ton chien !

"Bawbie ici va me croire", a continué Sandy, en faisant un clin d'œil à Mester Blair, "mais je lui ai dit deux fois trois fois que quand je pars dans la cour, c'est l'hiver avec mon vieux manteau. - ça devient très vert non, mais c'était un truc un peu guide à l'époque - les oiseaux viendront s'enfuir à ce moment-là et s'asseoiront sur la palissade à côté de moi, et les bibelots seront là pendant un moment. bizarre ; mais c'est l'effet que le vert semble avoir sur eux. »

Mester Blair se laisse aller jusqu'à ce que je pense qu'il se serait fâché. Il est un lanceur riche et copieux. Le lancement lui a donné un « ower lui », et on pouvait à peine sentir que cela venait de son meuglement ou de ses appâts, il y avait ce muckle.

Syne Sandy et lui se sont lancés dans le commerce des tatties, et vous pensiez que Sandy allait le prendre pour un partenaire, il avait ce truc à lui dire.

« Et faites-vous beaucoup avec les Américains ? » dit Maître Blair.

"Je fais leur métier", a déclaré Sandy. "Il n'y en a que trois qui achètent des tatties à Arbroath non. L'un ou l'autre est vraiment bizarre, ils achètent quelque chose conservé dans des boîtes de conserve, à Londres, me disent-ils."

Mester Blair n'a pas semblé comprendre Sandy, et il a dit : "Est-ce que tu as encore du cash' Billy Lowden ; ou comment vas-tu avoir du paiement ?"

"Si les bawbees ne sont pas à l'arrière du cairt, ils montent et Donal est parti", dit Sandy. "Non, non, pas de tic-tac de Billy Lowden pour moi. Je crois au tintement prêt."

"Oh, je vois", dit Mester Blair. "Vous obtenez de l'argent liquide à bord du navire. C'est le plan de sécurité."

"Comme vous le dites," dit Sandy, "c'est exactement ce que Bandy Wobster ne fait pas. Je crois aux bawbees avant que les tatouages ne quittent la porte arrière du coffre. Les comptes courts font de longs amis."

"Fais-tu quelque chose avec le continent Ava ?" dit l'homme de Meg.

"Je voyage à travers le toon", a déclaré Sandy, "de Tootles Nook à Culloden, et de Skemels à Cairnie Toll. Cela ne m'importe pas beaucoup ce que je vends jusqu'à. Sept livres pour le demi-steen, un " Cash Doon - ce sont mes principes; le même prix, et le jeu devient doux et simple. Quand les champions sont gentils, je peux bien gérer cette charge dans la journée, et si la maladie persiste . " Eux, ils ne sont pas si malades. "

L'homme de Meg a fait une sorte de sifflet en laich, et j'ai vu bien ce qu'il s'était teint. Meg lui avait dit que Sandy était une marchande de vêtements, et il pensait que Sandy avait un gros travail à faire, et qu'elle vendait des vêtements par lots, etc. J'ai tout vu en un clin d'œil, mais je n'ai jamais fait un clin d'œil, et Sandy était d'un cheveu pour mieux éviter l'erreur de l'homme de Meg.

Nous avons un grand denier – quelque chose de spécifique. "C'est une sorte de haiver o' buff, Maîtresse Blair", a déclaré Sandy, quand nous avons été prêts ; mais je lui ai donné un coup de pied sur la table qui lui a tenu la langue entre les dents.

Je n'ai pas besoin de vous dire à quel point nous devons manger ; Sandy a mangé ce copieux qu'il s'est ensuite rendu au siège de mijotage, et il a eu du mal à tenir le coup pendant une demi - heure. Une chose vraiment idiote était meilleure qu'une autre, et nous nous sommes retrouvés avec une glace. Sandy s'en est moqué avant de se lancer, et je pense qu'il a pensé qu'il était le plus dur, car il a mordu la bouteille d'eau, et a bu un peu d'eau chaude, et ensuite il a fait un pech comme s'il viendrait. ooten une crise. Il était devenu riche au bout d'un moment, mais la créature s'était trop mangée, et il était très inquiet pendant l' après-midi.

Après que nous ayons pris le thé, Meg a mis les enfants au lit, puis elle et son homme, et moi et Sandy sommes partis pour le théâtre. C'était un théâtre épouvantable et grandiose, avec autant d'or qui tournait autour de lui que ce qui ferait le plus grand nombre de millionnaires d'Arbroath. Nous avons eu un siège grandiose, et tout s'est bien passé jusqu'à l'extrême.

Mester Blair avait ce qu'on appelle un opéra avec lui, et il me l'a tendu pour que je le regarde. Sandy est entré avec sa main jusqu'à son chien de capote, et avec son spygless, une grande chose comme une perche de barbier, qu'il voulait lors d'une tombola au Whin Inn. Il y avait un type qui jouait sur scène. Il s'était coincé avec son mari, parce qu'une fille ne voulait pas l'épouser, et il mentait juste en disant à un gars à pied crooil weemin, et la paix dans la tombe, et tout, quand Sandy allumez son spygless pour lui jeter un regard noir avant qu'il ne laisse haleter son henmist.

J'ai vu le type faire un sursaut effrayé, et il a bondi sur ses pieds et a hurlé : " Pileece, pileece ! Il y a un anarkiste et un fenyin né dans le théâtre ", et il a pris jusqu'à son les talons sur la scène.

Vous ne l'avez jamais vu faire. Vous parlez de paix dans la tombe. Il n'y avait pas vraiment de paix au théâtre. Nous étions en train d'enrouler ce qui se passait, et Sandy était occupée à jeter un coup d'oeil autour de lui avec son espion, quand deux policiers sont venus s'enfuir l'un l'autre et l'ont saisi et ont rugi jusqu'à ce qu'il se rende. Je peux vous le dire, il s'est rendu à proximité d'un des bobbies avec le spygless. S'il n'y avait pas eu Mester Blair qui s'était rendu à la fin du week-end, il n'y aurait pas eu de casque et il aurait fallu un nouveau policier à Edinboro.

La querelle fut une fleur en cinq minutes, lorsque Mester Blair expliqua les choses ; mais s'il n'avait pas été avec lui, je m'en fous, ça aurait été un travail. Il y a eu un grand truand qui a dit : "Tu penses que c'est une femme ?" Je viens chercher mon parapluie ; mais mon gars a fait le sien vite, sinon je lui ai donné le coup sur le nez. C'était une sorte de gey-like wey où l'on ne faisait rien ; mais après être arrivés à la maison et avoir dîné, nous avons oublié de parler et avons passé une ou deux heures très heureuses avant de nous rendre au lit.

XIV.
AMOUR ET GUERRE.

Wudna vous enroulez hoo certains gens grandissent, est-ce que l'aulder the waur ? Vous voyez les Toon Cooncillors, par exemple, devenir moins utiles à mesure qu'ils conservent leur emploi ; et les ministres, taisez-vous ! S'ils ne sont pas guidés, ils obtiennent mair et mair driech le long terme qu'ils prêchent ; même leurs vieux sermons, quand ils tournent le tonneau et commencent par son corps, semblent devenir plus secs que jamais. C'est exactement la même chose avec Sandy : plus il grandit, plus il obtient le waur, jusqu'à ce que je sache ce qui lui arrivera. Il est très sensé et évident ; mais quand le type fée arrive dans sa tête, et qu'il entre au milieu d'un seul gréement, il est tout aussi stupide que le haflin le plus rocheux qui ait jamais vu.

Quand j'ai entendu le groupe le soir de Setarday, j'ai jeté la clé dans la porte du magasin et j'ai couru jusqu'au bout de la rue pour voir passer les sojers. Wha se présente, merchinant devant le groupe, mais ma billie , Sandy. Il était là, avec une centaine de gars autour de lui, fumant sa pipe comme s'il allait se faire foutre, et ses airs jusqu'à l'Elbe dans le chien de sa culotte, marchant au rythme de la musique comme un fechtin. 'coq, et' son autre air sweengin' back and forrit comme le pendule de l'horloge du toon. À le regarder, on aurait dit qu'il suivait le groupe et que les sojers qui le suivaient, il avait l'air si dur. Il ne m'a jamais vu, pas lui ! Ses yeux regardaient juste devant lui ; il n'aurait pas eu son propre tattie cairt, je crois, c'était ce muckle pris avec «son merchin».

Il atterrit jusqu'à son thé entre sax et sept heures, stervin' o' chaud, mais aussi heureux qu'un grillon. "Mec, Bawbie," dit-il, alors que je posais un hareng de roseau sur le brander pour lui, "il n'y a rien qui m'affecte comme des gens qui merchent au son de la musique. Ça me tient juste à l'arrière, et je ne peux pas rester assis. Quand ils Je faisais du merch cet après-midi, j'ai dû me lever et je me suis retrouvé avec un garçon assis à côté. parmi eux pendant un demi-heure.

"Tu es juste comme un garçon pétillant, Sandy", dis-je. "C'est un enrouleur que tu n'étais pas en train de monter avec eux pour voir si l'un des sojers te laissait faire pour braquer son arme. Je dis enrouleur de voir un vieil homme tatoué comme toi se comporter comme un fou roïde.

"C'est un truc que tu sais, Bawbie", dit-il. « Je connais mieux ces choses que vous, tout à fait ; et, même si je suis un homme fatigué, regardez Abraham Linkin ; est né en Irlande ; et regarde ce qu'il est venu jusqu'à ce que je te dise ce que c'est, Bawbie, s'ils m'avaient accompagné à la bataille de Waterloo, tu aurais entendu une autre histoire à ce sujet. moi-même, que si seulement j'en avais eu l'occasion – voyez, à ce roseau, le harrin ne brûle pas – j'aurais peut-être été un sergent dreel ou un général… »

"Un général qui a des problèmes", dis-je. "Tu vois, voilà ton hareng, pauvre, ton thé non, et ta langue est longue . "

"Aïe, eh bien," dit Sandy, un peu austère - il est aussi robuste qu'un mulet quand il prend sa main - "mais nous ne sommes pas encore décidés, et nous allons nous dépêcher pour le faire." Garrissez encore quelques gens, quand tout est fini. Ce qui a déjà été dû peut être à nouveau terminé ;

Mais j'ai laissé l'animal bavarder jusqu'à lui, et j'ai couru pour aller voir des gens dans le magasin. Avez-vous déjà entendu parler d'un homme ? Dauvid Kenawee dit que Sandy est une sorte de sinnyquanon ; et c'est à mon avis qu'il n'est pas très loin, quoi que cela puisse vouloir dire.

Comme je le disais, il n'y a pas de fules comme les vieux fules. J'ai mis deux ou trois trucs sur le green le jour de Setarday, et j'ai oublié de les mettre en marche jusqu'à la fermeture du magasin. Il était presque minuit quand je courais les chercher. C'était une belle nuit, mais c'était possible. Juste au moment où je rassemblais les deux-trois petits ratés, j'ai entendu des voix sur la digue, et je ne pouvais qu'écouter pour voir ce qui se passerait à ce moment-là. Imaginez ce que j'ai pensé quand j'ai entendu la voix de Beek Steein, qui se tient dans le grenier de Maîtresse Mollison, disant : "Eh, oui, Jeemie, c'est une chose horrible, mon amour. Je vais rester là pendant deux nuits en pensant à toi." ".

Preserve est un, je pense, c'est Ribekka et Jeems Ethart, le conducteur du moteur. Jeems est un homme de mauvaise herbe, et Ribekka est comme moi, elle est du mauvais côté de la quarantaine ; mais, faigs, le jour de Setarday, vous n'auriez pas pensé qu'ils étaient tous les deux vers cinq heures vingt.

"Ma Bonnie Dooie", ai-je entendu dire Jeems. Un gey dooie, je me dis. Il y en a deux , s'il y a une livre. Il faudrait deux gars pour transporter Ribekka, je vous le dis.

"A'ye genna gie, c'est un baiser, Ribekka ?" Jeems dit après un moment : et Ribekka a fait un peu geegle, puis il a chuchoté : " Aide-toi, Jeemie " - et ils étaient là comme deux jeunes gens.

Je ne savais pas si je devais fuir dans la cour, rugir "feyre", ou grimper sur la digue et leur donner un coup de poing autour des linders avec mes morceaux de cloots. Alors je continue à étudier.

La première fois, ils pensaient qu'il y avait une truite vivante à moins de cinquante mètres d'eux, et ils craquaient et s'agitaient comme deux chiens.

"C'est pas grave, ils ne veulent pas me voir Izik ?" dit Jeems.

« Hein, tu penses ça ? » dit Ribekka.

"Parce que ça aurait l'air si beau - Izik et Ribekka, tu vois ?" et ils ont ricané et se sont lâchés comme ça.

"Et j'aurais été Ribekka au mur", a déclaré Beek.

"Exactement", a déclaré Jeems; "bien que cette vieille pompe ne soit pas le genre de mur qu'on avait à l'époque. J'espère qu'il n'y a pas de corne-gollochs dessus."

« Il est midi, dit Ribekka ; "Nous devrons y aller. Gude-nicht, Jeems. Voyez un esprit s'en prendre à moi. Gude-nicht."

"Gude-nicht, ma belle-fille, bonnie", lui dit Jeems. "Je n'ai pas peur de vous oublier . Je ne soulève jamais un seul morceau de charbon, mais je crois voir votre visage. Chaque bouffée du moteur me rappelle vous, Ribekka; et quand je m'assois , pour prendre ma denner, je lat fa' mon flacon pendant des moments, je suis tellement pris à penser à vous.

"Eh, Jeems, tu me codes non ! Mais bon soir ! Eh, attention, c'est le sabbat matin."

"Gude-nicht, ma belle lassie. Oh, Ribekka, tu es plus douce au gin, chérie de bruyère. Je pense que le marché de Sint Tammas était là, et nous ne serons pas plus longs mais wan. Ma bonnie dooie ! Gude-nicht, ma ain parfume le géranum", explique Jeems.

J'ai commencé à être un peu waumish, tu sais. Les haivers des deux créatures cuillères m'ont juste donné l'impression que j'avais pris une boisson gazeuse ou quelque chose du genre. Vous comprenez ce que je veux dire : le genre de sensation de chaton qui vous fait hurler, vous ne savez pas hoo.

"Gude-nicht, Jeems", dit encore Beek. "Je n'aimerai jamais personne d'autre que toi."

"Es-tu sûr ?" reprit le vieil âne ; et moi, je suis resté presque gelé à mort , et je pourrais m'en sortir.

"Jamais!" » dit Beek ; "jamais!"

"Gude-nicht, alors, chérie, et" vois et "non" oublie-moi. Veux-tu non "?"

"Tu n'as pas besoin d'être craint, Jeems. Je t'aime seul, et aucun corps dans le vaste, vaste monde. Gude-nicht, ma Jeemie."

"Gude-nicht, alors, Ribekka, luvie. Et si tu n'oublies pas———"

Mais c'était pour moi une situation insupportable ; alors j'ai juste hurlé : « Gude-nicht, vous haiverin' eedeits », alors que je pouvais lancer, et j'ai grimpé dans la cour à ce que je pouvais fuir.

Sandy était au lit vers dix heures, et il ronflait comme un dragon quand j'ai monté les escaliers. Mais quand j'en ai eu un autre, il a sursauté d'un coup, comme s'il s'était pris une fuite.

"Garde-moi, Bawbie, où étais-tu sur la face de la terre ?" dit-il, avec son een stanin' in' heid, et en reprenant son souffle comme si un shooer o'l'eau chaude avait été lancée sur lui. "Vous êtes sûrement allé à la chasse à la baleine. Dieu merci, vos pieds sont aussi gros qu'un glaçon. Gardez-les à l'écart de moi."

N'est-ce pas comme ces hommes ? Weemin peut les battre dans de nombreux domaines, je l'admets ; mais, pour un égoïsme insensé, venez chez vous !

XV.
SANDY FAIT UN DISCOURS.

Il y a eu de super gaitherin's dans la lessive du sol il y a quelque temps - "Nochties-an'-Broziana", Bandy Wobster a annoncé la réunion à Sandy. L'un ou l'autre mercredi, au forenicht, la boutique était fermée l'après-midi, bien entendu ; Je crois beaucoup aux demi-vacances, voyez-vous. Je pense que c'est une idée capitale. Cela donne au corps une sorte de souffle ou deux au milieu de la semaine, et cela ne met personne en marche. Les gens viennent juste chercher leurs affaires avant que vous fermiez. Cela ne fait pas une différence. Si vous n'aviez pas ouvert ava , ils viendraient juste avant.

Eh bien, mais, comme je le disais, le mercredi soir, j'ai jeté mon échaud sur ma tête et j'ai fait un pas vers la porte arrière dans le crépuscule. C'était une belle nuit, et je me suis assis sur le siège du mijoteur près du marteau du lavage, et j'ai entendu le bruit du bargeyin gaen à l'intérieur. J'ai étudié et j'ai regardé le bolie winda, juste là où les skeels sont assis, et voilà Sandy et ses copains étaient occupés à craquer et à fumer, et à s'amuser au milieu d'un grand dirigez-vous vers l'odeur et le bruit.

Juste au moment où je regarde, Bandy Wobster a dit quelque chose à Dauvid Kenawee, et Dauvid s'est levé, et a sorti sa pipe de son meuh, a dit : " À l'ordre ! J'envoie Mester Wobster à la chaise. "

« Écoutez, écoutez », dirent les autres ; et avec ce que Bandy s'est levé sur le ventre de la chaudière, et s'est retourné, s'est assis avec ses jambes articulées sur le devant de la chaudière, comme un garçon assis sur la digue. à la Commune. Watty Finlay, le tisserand, a fourni à nouveau un kit de beurre de tume pour que Bandy puisse y poser les pieds, puis tout le monde est resté silencieux, comme si quelque chose allait se produire.

Bandy a pris une ficelle un peu goudronneuse, ou du tabaka ou quelque chose comme ça, a sorti son chien de culotte, et, en mordillant un quart de mètre, il s'est mis dans son esprit. Syne, il a avalé un crachat et a dit : « Freends and Fella Ratepeyers. Bandy n'a jamais payé les tarifs de sa vie. Il habite dans une mansarde de deux livres chez les Wyndies, et ne paie presque jamais de loyer, aux tarifs les plus bas. "Freends et gars ratepeyers", dit-il.

Bandy se tenait debout sur le corps du gin du kit de beurre cette fois, et les billies écoutaient comme n'importe quoi.

"Freends et gars ratepeyers", dit encore Bandy. "Tu vois, cette porte est sur le cou, Sandy, et je ne vois pas la canette exploser."

Sandy s'est levée et s'est dirigée vers la porte, et a rapproché un peu la canette de Bandy, puis s'est assise à nouveau sur le canapé.

"Je n'ose pas le dire", dit Bandy. Bandy a grandi à Aiberdeen, vous savez, et il a passé du temps à parler. "Je ne dirai pas très bien, vous savez", dit-il, "et par conséquent, je ne dirai pas très bien."

"Écoutez, écoutez", rugit Watty Finlay.

"Les élections au Toon Cooncil sont à venir", a poursuivi Bandy, "et, en tant que citoyens de l'Empire Breetish, nous devons chercher des personnes aptes et appropriées pour reprendre les opinions de la démocratie dans le Hoose o '...au Toon Hoose, et' à la Commission de Police, Messieurs——"

Cela a permis aux billies de s'asseoir sur leurs sièges, et de dicht leurs meuglements avec leurs manches de jeckit, et leur hôte. Watty Finlay, à proximité de la fosse de vache, dirigeait le seau sur lequel il était assis ; mais il a retrouvé son équilibre, et il a dit : "Oui, mec", heich oot, il a encore une fois eu un "richt satt doon" .

"Messieurs", dit Bandy, "le moment de l'action approche. L'eau potable n'est pas bonne pour boire du ki; et il n'y a rien d'autre que de l'eau dans le quai humide. Mon cœur saigne quand je vais sur le rivage et que je vois tous les navires naviguent hors de l'herbir, et aucune abeille vivante n'arrive. Messieurs, cet herbir est en train de devenir un éléphant blanc géant.

"Et le Watter Toor aussi, et le canot de sauvetage aussi", rugit Dauvid Kenawee.

"Les personnages sont des éléphants blancs, des couleurs", a déclaré Moses Certricht. "Les Toon Cooncil en ont fait un spectacle de bêtes sauvages."

« Écoutez, écoutez », criaient tout le monde ; et Stumpie Mertin, un peu excité, a hurlé "Ordre" et leur a lancé un "a-lauchin".

"Messieurs," dit encore Bandy, "il est tout à fait possible que toutes les affaires municipales soient toutes purement acquises au diable ; et j'ai beaucoup de plaisir..."

"Écoutez, écoutez", a déclaré Watty Finlay, "c'est l'homme idéal." Il y a eu un peu de plaisanterie à ce sujet, et Watty a ajouté : "Je veux dire Sandy, bien sûr, non, le diable à Bandy parlait à fond."

« J'aurais dû dire, » dit Bandy, « quand j'ai été interrompu par l'honorable gentleman… »

"Oh, c'est du repos", dit Watty; et Bandy a dû recommencer.

"J'aurais dû dire," dit-il, "que nous devions mettre la main sur des hommes stupides et sans oubli, et j'ai beaucoup de plaisir à proposer un vote de remerciement à notre digne ami, Mester. Bowden, pour avoir interdit d'abolir le Toon Cooncil de tous les risques d'imposition, jusqu'à ce que les impôts disparaissent dans l'oubli et soient une chose du passé, Mester Bowden est un homme...

"Écoutez, écoutez", dit encore Watty.

"Mester Bowden est un homme qui ne fera jamais rien———"

"Écoutez, écoutez", rétorque Watty. Il jacquait juste comme un perroquet à chaque fois.

"Tout ce qui est en dessous de la ceinture", a poursuivi Bandy. "Donnez-lui vos voix, messieurs. Je peux le recommander. Sandy, je veux dire Mester Bowden, s'en tiendra à son poste comme Cassybeeanka, ou peu importe comment on appelle le billie qui a été le plus durement touché lors de la bataille du Nil. Il le fera. non, sois comme certains d'entre eux, comme Ralph le Rover,

Je suis parti ,
j'ai sillonné la mer pour de l'argent par jour.

Messieurs, que tout le monde ici fasse de son mieux pour que tous les électeurs votent pour Sandy, Mester Bowden, le candidat populaire. Avec lui au robinet du scrutin ! »

Bandy cam' doon avec son tackety buit sur le corps du kit de beurre, et il est allé dedans, et il l'a fait, et il était là, frappant dans ses mains, et se tenant juste comme s'il d sur une crinoline large. Vous n'avez jamais entendu un perchoir, un rugissement, un entendement et un hurlement ! J'ai dû fermer mon een de peur d'être sourd ensemble. Stumpie Mertin s'est levé aussi épicé que du gin, il s'était baigné les jambes, au lieu de rien, et oubliant où il était, il a regardé autour de lui et a dit : "Qu'est-ce que la cloche, les gars ?"

C'était le tour de Sandy, non ; et après que Dauvid Kenawee, le vieux Geordie Steel et Moses Certricht eurent fait retirer le président du kit de beurre, et de nouveau à la chaudière, Sandy souleva son siège avec un regard sur son visage. comme un gardien de nuit. Ils ont balancé leurs armes autour de leurs têtes, et ont hurlé comme n'importe quoi, et Sandy a pris de longues respirations, et a regardé autour de lui car il avait peur que certains d'entre eux ne le prennent un coup de poing dans la patte.

Quand ils se sont calmés , Sandy est devenue hôte, et Watty Finlay a dit : "Écoutez, écoutez."

"Fella elektors", dit Sandy, "permettez-moi de vous remercier pour votre accueil cordial."

Sandy avait préparé cela à l'avance, car il l'avait dit aff juste comme « la fin principale de l'homme ». Syne, il a soulevé sa coupe et l'a posée sur le bord du canapé. Il posait son elbe sur son genou et son menton sur sa main, et il avait l'air tout à fait détendu, comme s'il avait l'habitude de s'adresser aux réunions à sa naissance.

"Je pense que notre digne président a parlé plus haut de mon incapacité", a déclaré Sandy; "Mais en ce qui concerne ma pauvreté, je ne bougerai jamais de mon poste, mais je resterai ferme." À ce stade, Sandy s'est glissé contre le bord du canapé, et il est venu debout et a donné à Moses Certricht une fille dans la patte avec le chant de sa tête, ce qui a fait remonter le coup de tête de Moses. " Celle de Dauvid Kenawee.

« Pourquoi diable vous chargez-vous de votre tête comme ça ? » » dit Dauvid, lançant un regard noir à Moïse comme un chat sauvage : et Bandy donna un coup de pied sur le devant de la chaudière et rugit : « À l'ordre, messieurs. Respectez la chaise !

J'étais juste là pour crier : « Vous ne pourriez pas retoucher ma chaudière, plutôt, et ne pas faire de trous dans le plâtre avec vos tacles de talons » ; mais je le garde dedans.

Sandy s'est de nouveau redressé, a tiré sur son weyscot, a syne gae son moo a dicht, et a boutonné son manteau. Je pouvais bien voir qu'il essayait de suivre le rythme des Anglais ; mais ce n'était pas suffisant. "Je ne suis pas un homme qui apprend", a déclaré Sandy. "Je suis un homme de travail, et si je m'occupe des affaires publiques, c'est parce que je n'ai rien d'autre à faire, et cela me gardera à l'écart. Comme le dit le président de notre comité respectif, Je ne suis pas comme Ralph le Rover, qui navigue et fouille la mer pour de l'argent par jour. Cela ressemble à un pur savon, tout comme ce qui se passe quotidiennement au Toon Cooncil. peut-être lancer, mes amis, mais c'est plus vrai ; et qu'est-ce qui ne vaut pas ça ?

"C'est à lui ! C'est à lui, les gars !" rugit les billies dans les laveurs.

"C'est vrai", dit Sandy. "Oor Toon Cooncil est juste comme ce Ralph le Rover, parti sillonner la mer pour aucune fin - car la mer n'a pas besoin de scoorin' - alors qu'il était peut-être en train d'aider sa femme à nettoyer la machine à laver. C'est un travail utile que nous voulons . Neen o' les cabrioles de votre Bailie Thingymabob, avec ses moteurs d'âne, Echt mille livres pour un noo kirkyaird. Avez-vous déjà entendu quelque chose de pareil ! Les Cooncillors craquent comme s'ils étaient des animaux de compagnie dans les tombes, pour vous offrir une vue grandiose après votre enterrement. Oh, c'est juste ce que je peux nettoyer la mer comme Ralph. le rover."

Par les gars, Sandy m'a donné du gin Winder cette fois. Vous n'avez jamais entendu dire qu'il l'avait mis dedans, en braquant ses nivs et en le tirant dessus avec ses armes.

"Echt mille livres!" il rugit à nouveau. "C'est sept shillin pour le heid - homme, femme et enfant dans le toon d'Arbroath. ".

« Écoutez, écoutez », dit Watty comme d'habitude ; et Bandy a ajouté: "Il en a vraiment besoin, comme mon nez peut vous le dire ."

"Que pensez-vous d'un dépotoir au milieu de votre personnage ?" Sandy a continué. "Je cherche une réponse", dit-il d'une voix de fossoyeur. Il croisa les jambes l'une de l'autre et mit une de ses mains dans les pans de son manteau ; et, retrouvant un peu son équilibre, il a refait surface, Bandy Wobster. Il y eut un craquement et une éclaboussure, et il y eut les jambes arquées du président qui dépassaient de la chaudière, et son visage regardant entre ses pieds, avec une paire de chats sauvages. Il était jusqu'au cou parmi les claes que j'avais trempées pour la lessive du matin. Le petit pied de page qu'il était, je câline d' une je sais ce qui lui arrive.

« Espèce de grande, grosse, belle et goudronneuse bête », rugis-je au vent ; "Viens avec mes amis ce mois-ci, ou j'entrerai et j'éteindrai le feu et je te ferai bouillir." Sandy sang sur la bougie ; et "par un" comment allez-vous-avez-vous jamais entendu dire, vous n'avez jamais entendu la moelle de vous. Stumpie Mertin a hurlé "Ordre ! Feyre !" à la hauteur de sa voix ; » et le président hurlait : « Pour l'amour de rien, tenez-moi quelques-unes de vos mains jusqu'à ce que je sors de ce mur-levis, ou je suis un homme fou.

Je pense qu'il s'était retrouvé sur une étagère en mauvais état, et s'était fait caca ; car il y avait une quantité effroyable de bouteilles cassées, de boîtes de conserve de bœuf, de rugissements et de jurons, on n'a jamais entendu pareil.

"Qu'est-ce que tu faisais à la surface de la terre, en train de exploser la bougie, Sandy ?" dit Dauvid Kenawee. « Attendez un instant jusqu'à ce que je frappe un foutre et que je voie ce qui se passe, » dit-il ; et " avec " qu'il ait allumé une allumette et qu'il ait allumé la bougie. Bandy s'était un peu fait sortir de la chaudière, mais Stumpie Mertin avait saisi sa jambe large par la cheville, et le voilà en pleine marche, gaen s'agitant comme une queue de lapin, en rugissant. Meurtre!"

"Je pense que nous ferions mieux de laisser le reste de la réunion jusqu'à un autre soir", a déclaré Moses Certricht, "et nous pourrons examiner le dépotoir du toon une autre fois."

"Il suffit de jeter un coup d'oeil autour de vous", dis-je en regardant le vent, "et vous verrez des dépotoirs. Qu'est-ce qui va nettoyer ça ? Je cherche une réponse", dis-je d'une voix comme comme la société funéraire de Sandy qui parle comme je le fais. "Parlez de caresser Sandy Bowden au moment du scrutin. Il sera mieux utilisé au bout du puits de Bissam, je pense."

"C'wey, les gars", dit Bandy. "Je suis en train de m'endormir à gorge déployée, et il est temps que je m'en aille."

« Écoutez, écoutez », dit encore Watty ; et l'entrée qu'ils ont commercialisée sans rien dire. Si je ne me trompe pas, ce sera la fin du Toon Cooncillin de Sandy ; et il y a encore du temps, je pense. Cet homme n'est pas doué pour penser à quoi que ce soit. Parfaitement ridicule !

Sandy et moi étions dans les Sables et profitions d'une petite promenade hier soir, et nous étions très calmes. Il ne semblait y avoir rien à dire sur ava . Alors j'ai juste dit d'une manière un peu plaisante : "Oui, Sandy, et tu as déjà vu le comité de quartier, mon garçon, à propos de cette bisness Toon Cooncil."

Comme c'est le cas, il a poussé un roseau sur le visage ; mais il est devenu riche au bout d'un moment, et il dit : "Nous allons être comme le Skule Brod après ça, Bawbie. Nous aurons des réunions en privé, et juste vous et le public saurons quelques instants. " Des choses que tu ne peux rien faire. Tu vois ? Si tu te mets le nez dans les bolies qui écoutent, tu auras peut-être la main sur un arbre de bissam au bout. vous devez vous détendre et écouter les bisness des autres gens.

"Garde moi!" dis-je, dis-je. "Tu es terriblement poivrée ce soir-là, Sandy. Pourquoi t'as-tu frappé contre les cheveux, cratur ? Ce n'est pas moi qui ai poussé Bandy dans la chaudière ; mais il avait été dans la position un peu raide, car il traîne." " Il parle de l'approvisionnement en eau ! Ce n'est pas du tout ce qu'il sait de l'approvisionnement en eau ou de l'éther de savon. "

"Ecoute, Bawbie," dit Sandy, "si tu veux me faire un peu de mal à ce sujet, c'est comme ça, je vais m'enfuir et rejoindre le Mileeshie. Je préférerais me faire exploser en moi avec un " Un canon de 70 tonnes plutôt que de rester seul sur votre bavardage. "

"Tut, tut, Sandy," dis-je, "continue sur ta bite, mec. Tu n'as pas besoin d'entrer dans un pavé comme ça. Gardez-moi, les gens penseraient que vous discutiez de la vieille quête de Kirk, de la Quand tu rugis, le Mileeshie ne t'aurait pas de toute façon, et nous ne sommes pas encore là avec toi, mais la fois où tu fais un discours, Sandy, je n'essaie pas de te lever. sur une jambe. C'est ce qui vous a mis en difficulté. Vous voyez… »

J'ai regardé autour de moi, et Sandy n'était pas là. Quand je me suis retourné, le voilà fuyant dans les Sables avec les doigts dans les pattes, comme Jeck aux talons à ressorts. Je vous le dis, cet homme ne tiendra pas compte d'un seul mot que je lui dis.

XVI.
LE CADEAU DE NOËL DE SANDY.

Oh, ouais ! Quand Sandy veut faire quelque chose de spécial, il fait toujours une gouttière à portée de main. Le jour de Setarday, il était sur le point d'héberger, de cracher et de dire un truc idiot, puis : "Oui, Bawbie, c'est un beau nicht ce nicht." Il l'a balayé près du baril de soda deux-trois fois ; puis il a lancé le coup qui signifiait qu'elle n'avait jamais dirigé un meenit sin' syne. Il a pris le marteau et a mis la main sur le charbon, puis il s'est rendu à l'arrière-boutique jusqu'à ce que je ne puisse pas mettre la main sur une seule chose si je le voulais. J'ai bien vu qu'il y avait quelque chose dans le vent ; mais, faites de mon mieux, je ne pourrais pas savoir ce que c'était.

Il a mis les volets du magasin, et a coupé le gaz au rendez-vous avant que je fasse sortir les bawbees de la caisse, et les empiler, vous n'avez jamais vu quelque chose de pareil. Il était si impatient de me donner la main qu'il me tendit près d'un demi-étage.

Cela s'est produit un «sabbat!» Il était trois fois à l'église, et il s'est perché et a chanté jusqu'à ce que les petites filles dans le même koir le regardent comme si elles avaient peur. Mais Sandy n'a jamais plaisanté avec son junkie. Il a mis un autre bouton sur son manteau, et l'a empilé jusqu'à ce que l'Auld Hunder comme le Jook o' Wellinton à la bataille de Waterloo. Le koir a chanté un hymne l'après-midi, et Sandy en a chanté un autre en même temps, le reste du groupe écoutant la compétition. Sandy a continué à crier, à crier et à hurler parmi les carquois, et au milieu de ce qu'il a appelé les cruchits, juste comme un jeune pairtrick parmi un pozel ou une sorcière. Maîtresse Glendie, qui est assise au siège du robinet, est un peu une chanteuse, et elle a remis ses pattes en place et a scolaireé comme une mule fontaine à Sandy, au coin de ses taches ; mais Sandy ne l'a jamais fait. Ses enfants, alors qu'il n'avait pas le nez enfoui dans son livre, étaient sur le toit de l'église, et Maîtresse Glendie n'a jamais entendu un cri en ava , surtout quand Sandy avalait ses crachats.

Gaen à l'église le soir était une chose à laquelle il fallait penser. Il n'y avait pas de lampe en vue – et sic les routes ! Les mêmes dames de la Sabbath Schule étaient allées à la menthe payée, là où il y avait le plus de gouttières, et elles leur donnaient des coups de pied les unes contre les autres. Au milieu de la route, on peut envoyer la bougie aux menthes payées pour se réjouir de peur du sabbat. Sandy et moi sommes allés kloiterin' le long du port, Sandy yatterin' ilky noo-an'-than - "Continuez les plennies, 'oman." Il gardait l'œil sur ses pieds si stable que, avant de savoir où j'étais, il s'était baigné dans les gouttières des Dens. Il avait pris le mauvais côté de la digue au coin de la High Road, et il était parti sur le brae au lieu de monter ! Nous avons vu la lampe muckle au-dessus du brick juste comme un lichthoose à vingt milles de là. Sandy avançait dans la boue, et son pauvre shune se soulevait avec un gloussement bruyant, juste comme une pompe sur le croc.

"Je pense que c'est sûrement le Sloch o' Dispond auquel nous sommes arrivés, Bawbie", dit-il.

"Cela ressemble au barrage de Wardmill", dis-je, dis-je ; "mais si je ne parviens pas à vivre, je ferai en sorte que tout le monde l'entende. Nous avons un gey Lichtin' Committee, pour que les gens se promènent dans le trou comme ça sur leur chemin vers l'église ! Il y a des gens qui gardent les gens dans le noir partout", dis-je, dis-je ; "et il y aura peut-être une fin jusqu'à ce que ça se termine. C'est un véritable scandale."

Juste à ce moment-là, Sandy s'est agrippée à la rampe de l'escalier, et lui et moi nous sommes fait traîner un peu partout. Gin, j'ai pris la menthe payée, je glissais ici et là comme une fille sur l'étang de skeetchin, jusqu'à ce que je skaikit, skloit sur la tresse de mon dos, et j'ai laissé ma gravure grandeur nature dans le au milieu de la route. Eh, c'était une bonne chose que je n'aie pas mis ma plus belle robe ! Je le change à l'heure du thé, car les gouttières font un très mauvais maître pour un corps.

"C'est une honte noire et brûlante", dit Sandy en me rassemblant; "Et je me dis que certains des gars du Lichtin' Committee vont se faire foutre dans les gouttières et qu'ils n'ont rien pour leur pliskie. C'est un beau fort nicht. Les gens ne pensent pas à la fin des tarifs, et" un " les rues sont aussi sombres qu'une cellule - c'est vendu, et "pas d'erreur", je vous dis ce que c'est et ce que c'est non, Bawbie...".

"Wheesht, Sandy," dis-je. "Garde-moi, si tu continues à divaguer comme ça, les gens penseront que tu as commencé à prêcher dans la rue. Haud ta langue . Je ne suis pas un michty qui muckle the waur. ".

Sandy a pris son couteau et m'a donné un petit coup ; et nous l'avons atterri à l'église et avons eu un sermon de bon sens sur le birkie qui appartenait à Simaria et sommes tombés sur sa route, et ainsi de suite. Je n'allais pas m'en occuper après un... le fa', je veux dire, en gros, non le sermon... et, quand nous sommes arrivés à nous, je me suis battu avec mon crétin ; et même si Sandy a envoyé le Comité Lichtin et les ramasseurs de gouttières à proximité du moulin, je ne pensais pas pouvoir m'en occuper.

Mais comme je le disais, ça nous menait à quelque chose. Sandy était assis tranquillement, et il a chanté et fumé jusqu'à ce que, entre la mort et la scumfishing, j'étais à proximité. Après avoir lu le chapitre en question, je me suis dirigé vers mon lit. Je l'ai regardé deux à trois fois et j'ai vu Sandy assise devant le feu, faisant tournoyer ses bras, et je lui ai donné un petit sifflet à ce moment-là. Au bout d'un moment, il éteignit le gaz, et syne commença à s'enlever ses chaussures, et à marcher au milieu des meubles comme d'habitude. Il est arrivé dans son lit après un quart d'heure de brouillage divers, et il ronflait comme un dragon.

Quand je suis arrivé à la tour le matin, qu'est-ce qu'il y a assis sur ma chaise sinon un super shortie dans une boîte à braw, avec un caird de Noël au robinet. Quand j'ai ouvert la boîte, voici un de mes bas qui traînait sur le robinet d'un très gros gâteau, comme ça : -

À

B. BOWDENd'un AMI

Je regarde de nouveau Sandy, et le voici allongé avec un air sur le visage comme s'il voulait sur le bâtiment paroissial.

"Eh, Sandy ! Quel homme tu es !" Je dis, dis-je; car, remarquez, j'étais une femme riche et fière le matin du Munanday.

"C'était Sandy Claws, 'Oman", dit-il en lançant. "Il pourrait mettre la boîte dans ton bas, alors il a juste mis ton bas dans la boîte. Mais c'est juste un sax et un demi-dizzen, je suppose."

J'ai caché le gâteau à la lumière et j'ai lu les lettres en sucre blanc : « À B. Bowden d'un démon. » Mais c'est quoi ce démon, Sandy ?" dis-je, dis-je.

"Démon!" rugit Sandy en sautant de son lit. "A bientôt."

Il lança un regard noir au gâteau comme s'il essayait de mépriser quelqu'un ; et puis il dit : "Vois un peu de mes pantalons là-bas, Bawbie. Je vais aller voir un animal de compagnie qui pâtissier à travers son mixeur. Je vais lui montrer quel genre de démon je suis. Je je vais le rendre fou."

« Survolez un clin d'œil, Sandy », dis-je. « Voici une des lettres qui collent à mon aliment. » Shure eneuch, voici un très gros "R" collé aux côtes de mes bas ; alors j'ai juste pris une colle à lécher et je l'ai mise sur le gâteau, et je l'ai fait lire un riche. Sandy était vraiment content quand il m'a vu si gros sur mon gâteau ; et il a traîné chez les gens du pays pour voir « le gâteau de sa femme », comme il le peut. Et il se tient avec ses tooms dans les trous de bœuf de son weyscot, et se lance, et dit : « Tyuch ;

Elle va être brisée le Munanday, le jour de Nooeer. Si vous êtes de passage ici, allez chercher un bébé. Je serai ravi de vous voir, j'en suis sûr. Je vous souhaite une bonne oreille, quand cela viendra – et vous pourrez voir beaucoup d'argent ! Ah-hy ! Gude-day avec 'vous et moi' le noo than ! Imphm! Gude-jour. Tu vois, un 'gie's a cry sur Munanday, noo-na. Ta-ta!

XVII.
AU CONCERT DU CHŒUR SÉLECTIF.

Depuis vendredi non, je suis parti avec mon hert et moo fu' o' musik ! Eh, hoo, j'ai apprécié le chant de Gleeka Koir. J'aurais entendu quelque chose de pareil pour plusieurs dollars par jour. Vous savez, la bonne musique m'affecte comme un bon prédicateur - et waur while. Je ne peux pas m'empêcher d'y réfléchir. L'air que j'ai entendu reviendra dans mon esprit de temps en temps ; et ici, je serai peut-être en train de chanter en sortant du magasin pour moi-même "Voulez-vous ne pas revenir ?" et je donne à quelqu'un de la moutarde à la place du peysmeal, et, bien sûr, ça revient encore, et un gey wey o' doin' wi't, et "pas d'erreur".

Mais, hein, j'ai apprécié le concert du Burns Club ! Sandy et moi étions dans le couloir vers sept heures, et nous nous sommes retrouvés au bout d'un des sièges à six sous les plus éloignés, et nous nous sommes appuyés sur le dossier. ane o' les anes shilliny. Nous étions très heureux d'être partis tôt , car la salle était foo juste en un claquement ; À 13 heures, me dit Sandy, ils offraient un demi-croon pour mettre leur cosse dans le trou de la serrure. C'était un affreux béguin.

Il y avait une Carlie semblable à un pompis gey qui est venue et a essayé de faire monter Sandy et moi sur le siège ; mais Sandy Sune a fait un travail avec lui.

"Avez-vous un billet?" dit Sandy.

"Oui, c'est vrai", dit le Carlie en retroussant ses lèvres comme si elles étaient vives ; "J'ai un ticket de trois shillin."

"Oui, eh bien, je suis là", dit Sandy. "C'est les sièges sikey, et nous ne voulons pas que vous, les gars, braconniez parmi ses gars. Si vous n'avez qu'un billet de trois shilliny, vous vous en sortirez, geysmert", dit Sablonneux; et beaucoup de gens l'ont soutenu, et des faigs, remarquez, la Carlie a dû ramper à nouveau pour rien, d'où il est venu. La joue du cratur ! Thocht, attention, il se ferait écraser au milieu de son sikey fowk avec son billet à trois shilliny !

Chaque fois que le chant commençait, vous entendiez un préen fa'. "Il y avait un garçon qui était né à Kyle", dit juste à côté Sandy en sautant de son siège. Il pouvait à peine garder ses pieds immobiles, et il hochait la tête d'un côté à l'autre, et leuchait, comme s'il était un roi noo-marié conduisant dans les rues de Londres jusqu'à sa lune de miel. Syne à "Mon amour, elle est comme un roseau, roseau", il a fait exploser ses lèvres, et a tourné son attention vers le ruif, et m'a regardé deux-trois fois comme s'il allait prendre un dwam o' une sorte . C'était l'une des chansons préférées de Pecker Donnit lorsqu'il faisait un chant à Dimbarrow. Eh, c'est souvent la fois où je l'entends parler. Ça te va, le Peeker ? Il a dit ower i' yon cottar hoose, was a bittie frae the Whin Inn. Il avait deux filles, vous le remarquerez, et un chat qui tuait des blancs avec un œil aveugle. Eh, oui ; c'est beaucoup d'argent par jour ! Mais je suis absent de mon histoire.

Je ne peux pas vous dire lesquels des morceaux me plaisent le plus. Je me suis simplement assis à proximité et je n'étais pas assez fasciné. Je pensais que ces deux Kimmers qui chantaient "The Banks an' Braes o' Bonnie Boon" avaient fait un truc horrible. Raley, mon hert était dans mon moo twa-trois fois quand ils étaient au petit moment où ils chantaient laich, juste comme le sooch-soochin' du vent le plus poilu dans le forenicht parmi les stocks. Sandy était en train de s'asseoir sur son siège, comme s'il apprenait le vélocipède, et il prenait une longue inspiration ilky noo-an-than, et disait : "Immphm, ouais, mec, c'est juste ça." Il a riffé quand les filles étaient assises , jusqu'à ce que vous pensiez qu'il aurait eu les mains couvertes d'ampoules ; mais je pense qu'il était prêt à tout faire, juste pour lui permettre de se défouler.

Quand le koir a commencé à chanter sur Willie Wastle, Sandy a ricané comme un poulain néo-espagnol, et oui, quand ils sont arrivés à la ligne hemist du couplet, il m'a donné un prog dans les côtes avec ses Elba, autant dire : "C'est rien pour toi, Bawbie !" Mais je l'ai regardé, et au verset d'henmist, quand ils ont dit très vite , "Je ne lui donnerais pas un bouton", j'ai juste failli un peu, et l'Elbe de Sandy a disparu, il a juste atterrit exactement pargeddis dans une pêcheuse. le tour qui était assis sur celui d'Ahen. Il y a eu beaucoup de lancements et d'applaudissements là où nous étions, je peux vous le dire.

J'aime bien "Scots wha hae" et "Macgregor's Gaitherin'". Je pensais que c'était tout simplement génial. Quand ils chantaient "Scots wha hae", Sandy lui lança un regard noir comme s'il aimerait le savoir si quelqu'un le voulait. Quelle émotion chez les plus forts ! La feinte est une de mes connaissances sur ce que vos hommes et nous allons avoir bientôt. À certaines lignes du "Macgregor's Gaitherin'", c'était comme le vent qui grondait sur Glen Tanner, ou les canons Rooshyan à Sebastypool. Je pourrais m'aider à remarquer que ça a garé un corps assis. Quand ta fille chantait Sae Bonnie, "John Anderson, my Jo", et les filles du groupe s'articulaient ; mais à "Scots wha hae", ils se sont assis comme des gilets de sauvetage, et le corps illuminé près de moi a l'air d'être malin pour leur parler.

Il y avait une chose qu'ils chantaient et qui n'était pas au programme et que je trouvais awfu' muckle o'. C'était quelque chose qui disait "Tramp ! Tramp ! Tramp !" Certaines des filles chantaient un peu elles-mêmes ici et là, et eh, comme c'était magnifique. Elle avançait un peu parmi les notes comme un forkit lichtnin', et sa voix sonnait aussi clairement qu'une cloche. C'était en général quelque chose de terriblement joli. Quand elle a eu fini, vous avez pensé que le peuple était en train de sortir du bateau. "Mec, ce raley fout un truc vert; ça bousille la fleur du cairt tout ce que j'ai jamais entendu", dit Sandy, en donnant son nez avec le dos de sa main. "Cette dame a vraiment une grande flûte; vous voudriez enrouler ce qu'elle a besoin de place pour le vent dont elle a besoin." Un fou a commencé à se lancer dans le lancement quand Sandy a dit cela ; mais, ma foi, remarquez bien, cette jeune fille m'a assez étonné.

Lorsque les votes de remerciement ont été donnés, Sandy a riffé et a secoué une mesure. Je pensais qu'une fois ou deux, il se rendrait au pupitre pour dire un wird ou un mot lui-même, il était tellement excité. Syne, lorsque "Auld Lang Syne" fut mentionné, il sauta sur ses pieds, égalisa son gravat, tira sur son weyscot, mit les boutons de son manteau et avala un crachat. Et hoo, il a chanté et chanté ! Je pensais que le chantre qui battait la mesure le regardait deux à trois fois, il se perchait et rugissait à un rythme si rapide. Il a chanté au diapason de sa voix—

Je devrais oublier une vieille connaissance ,
et ne jamais y penser,

et 'syne me donne un grand frisson avec son elbe, il dit: "Chante plus vite, Bawbie"—

Pour l'époque du vieux Langsyne.

Il y avait un pêcheur qui s'est joint au chœur et a fait un affreux caniveau. Il a hurlé sur une note, juste comme s'il hurlait à quelqu'un pour baisser le penter ; et même si Sandy l'a gardé, il était dans une riche relance.

"Ce rugissement est en train de faire un pur bruit", dit-il lorsque nous avons terminé. "Vous sauriez facilement qu'il avait appris à chanter à la mer" ; et il lui lança un regard méchant, et dit : "Haud your tung, vous rugissez cuif." Syne, il a saisi la main du pêcheur avec l'une des siennes, et la mienne avec l'autre, et il a commencé...

Et voici un coup de main, mon fidèle ami, eksettera.

Le pêcheur avait l'air abasourdi, et n'a jamais jeté un coup d'oeil ; mais Sandy s'est mis comme un larry-horse jusqu'à ce qu'il soit fiévreux, et il est venu sur la route en disant : "Mec, ça a vraiment été un régal !"

C'était ça, et "pas d'erreur", et comme l'a dit le président, ce sera un concert mémorable pour tout le monde .

XVIII.
SANDY FAIT UNE COURSE.

Eh bien, je vais vous dire ce que c'est et ce que c'est non - je pensais que Sandy n'était pas arrivée au bout de ses ongaens. Si jamais une femme pensait qu'elle devait enfiler les mauvaises herbes de sa weeda, c'était bien moi. Je ne m'attendais plus à revoir Sandy, jusqu'à ce qu'il soit emmené dans le bâtiment de la police. Mais je ferais mieux de commencer mon histoire par le début. Qu'est-ce que j'ai besoin de savoir si les gens savent « démarrer ou non » ? J'ai été souvent confronté à des affronts noirs, je m'en fiche de ce qui se passe. J'ai fait de mon mieux pour être une épouse fidèle ; et je suis sûr que je me suis enfui et que j'ai enduré un homme que n'importe quelle autre femme aurait poussé à vingt ans d'intervalle ! Mais ce n'est ni ici ni là.

Eh bien, pour en venir à mon histoire. Au bout d'une semaine, j'étais occupé à la porte arrière, à sortir quelques bribes de choses, et, en entendant du vacarme dans l'arrière-boutique, j'ai jeté un petit coup d'œil au vent. Imaginez ma surprise, quand voici Sandy au milieu de la flure avec ses armes et ses jambes s'enfuient comme les shakers du "diable" de Robbie Smith.

"Qu'est-ce qu'il fait, est-ce qu'il est debout jusqu'à midi ?" me dis-je. Il s'est arrêté au bout d'un moment, et mon garçon a tranquillement pris deux œufs crus sur le bord d'une tasse, et a continué son thrapple avec eux. Il a divisé les wills en petits morceaux et les a dirigés parmi les ase, donc je ne les verrais pas. Au milieu de la tour, il revient, et, enlevant ses jambes, il commença à garer d'abord le tae airm et à synchroniser la dîme, tournant en rond comme le volant d'un moteur. Cela me fait penser aux gars de l'école et à leurs déceptions. Eh bien, que ; Je vais dans le trou.

« Oui, c'est une bonne chose qu'un œuf, Sandy », dis-je ; "surtout twa." Je me suis tourné vers la commode, non pour qu'il me voie lancer - car je ne peux pas la garder dedans - et faire semblant de chercher quelque chose.

« Il en est ainsi, Bawbie », dit-il ; et je l'ai remarqué en train de caresser son toom jusqu'à son nez. Je me suis précipité partout très vite, et il a drapé ses mains comme de la lumière, et a commencé à siffler "Tillygorm".

"J'ai entendu dire," dis- je, "qu'un œuf cru est bon pour un nez dégueulasse."

« Vous entendez toujours des conneries », dit-il ; "mais il y a Robbie Mershell dans le magasin" ; et "mais il a couru pour le saluer.

Je savais bien qu'il y avait quelque chose, alors je gardais mes pattes ouvertes, mais ça m'a battu d'atteindre le corps. Pottie Lawson, Bandy Wobster et Sandy ont juste fait trois fautes lors de l'ornement des jeux de Hielant, et je savais bien qu'il y avait des pliskie qui couvaient parmi eux. Ils n'ont presque jamais été hors de la lessive, eux et deux-trois mai. De grands scoonges, muckle, articulés, de mauvaise humeur, tous ! Je vous le dis, Sandy n'a pas fait un tour depuis une semaine, mais il s'est lancé avec eux, s'est mis à travailler sur ceci et cela. Putain ! Si j'étais un homme, comme je suis une femme, je botterais toute la boîte et je les jetterais par l'entrée.

Je suis passé devant la porte du lave-linge deux trois fois, et j'ai entendu des crachats, des ochin et des ayin, et des bêtises pendant le sprint, et des frottements , et des sic comme ; mais je pourrais ne rien faire, ni me cacher. Mais je peux vous le dire, Baith s'est caché et n'a pas marché le soir de Setarday.

Sandy, comme d'habitude, a mis ses voiles l'après-midi de Setarday, et il est parti vers cinq heures, et je ne l'ai vu que jusqu'à ses longues jambes... Mais vous apprendrez plus tard que sune eneuch. C'était un sicht, le premier sicht que j'ai eu de lui, je peux vous le dire.

Je prenais une petite tasse de thé pour moi vers sept heures, car j'avais été terriblement occupé pendant un certain temps. Nathan était debout à table comme d'habitude, grandissant et attendant un peu de mon biskit de thé. "Je n'aime pas les bébés en pleine croissance", dis-je à Nathan, juste au moment où j'allais lui donner un petit morceau et du noo grozer jeel dessus.

"Je m'en fiche", dit-il en se mouchant entre son doigt et son toom, et en ne syne dichtin pas avec son bonnet. "Je n'étais pas en train de grandir, mais de toute façon, je ne vous le dirai pas à propos de Sandy. Il a dit qu'il me donnerait une laisse si j'étais un clash-pie; mais j'étais juste pour vous le dire, mais je ne le ferai pas" ne le fais pas non," et oot à la porte qu'il a ouverte. Je lui ai crié de revenir, mais, ouais, wow !

Je ne l'ai vu plus pendant une demi-heure, quand il entre dans l'arrière-boutique avec un paquet de claques et les jette dans la cheminée. "Voilà les chaussures de Sandy", dit-il. "Je les ai attrapés par Bandy Wobster au robinet de la rue. Il les a fait mentir dans les Sables, et il ne sait rien de Sandy."

"O, Alick Bowden", me dis-je, dis-je; "Je pensais que ce serait la fin un jour ! Il s'est enfui et s'est fait saliver. O, mon cher homme ! Je ne sais pas s'ils vont récupérer son corps, ou plus jamais un morceau de poisson ne le fera. Je mange ! Il y a Maîtresse Mertin et un bouton de galace dans les tripes d'un codlin rouge-waur la semaine dernière ; et ce n'est pas très long, Maîtresse Kenawee a eu des morceaux de skellie dans la merde d'un Puir Sandy. ! Je pense, qu'est-ce qu'ils feront avec les bawbees de la société funéraire ? »

"Est-ce que Sandy l'a fait, Bawbie ?" dit Nathan.

"Oui, je n'aime pas qu'il soit mort, Nathan, mon garçon", dis-je.

"Et tu veux bien me faire monter sur la bite à l'enterrement, Bawbie ?" dit Nathan en se griffant la tête à travers un trou dans sa glenairy.

« Haudez votre langue, mon garçon », dis-je ; "Vous ne savez pas de quoi vous parlez ."

J'ai rassemblé les classes. Il n'y avait aucune erreur possible. C'étaient ceux de Sandy ! Les chiens de Breeks étaient des fous de clous et de ficelles, et aussi des déchets que vous en auriez trouvé dans l'arrière-boutique de Peattie Broon, le cochon. Il y avait beaucoup de rozit de violon dans le Weyscot, et une boîte de pommade bizarre contenant des trucs de tante. Mais ce qui m'a d'abord frappé, c'est que son couturier et ses caleçons n'étaient pas là. "Parce qu'il est parti en train de les chercher avec eux ?" je pense à moi-même. Je ne peux pas voir à travers Ava .

Je me suis dirigé vers la porte du magasin juste pour regarder, et j'ai vu Pottie Lawson, Bandy Wobster et deux trois mair au robinet de la rue qui se lançaient comme n'importe quoi. Je donne la clé de la porte en un clin d'œil, et je remonte la rue. Pottie était juste au milieu d'un grand hallach ou d'un lancement, quand je l'ai saisi par le col. Il a avalé le reste de son lait, je peux vous le dire.

"Qu'as-tu fait jusqu'à ce que mon homme, espèce de pied de page espiègle, clorty, méchant et espiègle ?" Dis-je en lui donnant un shake qui lui a fait monter le blanc de son een.

"Enlève ta main de moi, espèce de bissam grossier", dit-il, "ou je te poserai les pieds pour toi."

"Veux-tu?" dis-je ; et je lui ai fait un shuve qui l'a fait tomber talons-ower-heid sur le robinet de la brouette à roues de Gairner Winton, qui était assise à côté de lui. Quand il s'est retrouvé parmi les peycods et les cabbitch, il allait s'en prendre à moi, mais Dauvid Kenawee s'en est pris à rien, et il a dit : "Saira, tu es riche, tu es un gude-pour-rien, tu es un tireur d'élite. Levez la main vers elle, et je vous enverrai les brindilles par là.

"Dans quelle merde as-tu mis ton nez ?" dit Pottie Lawson. "Il n'y avait personne d'intermédiaire avec toi."

" , dit Dauvid, "sinon je serai médiocre avec toi . " Profitez d'un vieux homme ! Yah, putain de vos peaux, je pourrais vous battre toute la meute. " Il s'est levé avec son niv et a pris un hawp forrit. Pottie repartit sur le tumulus et s'assit sur le robinet du Gairner, occupé à rassembler ses amis.

"Viens, Bawbie", dit Dauvid en prenant mon avion, "Sandy va bientôt arriver." Alors nous sommes partis, laissant la fleur ou cinq d'entre eux wammlin parmi le chauffeur de taxi, exactement comme ce que font généralement les porcs lorsqu'ils entrent dans les stocks d'un éleveur.

"Sandy est un homme épanoui", a déclaré Dauvid lorsque nous l'avons posé à la porte du magasin.

"Vous pourriez aussi bien me dire que deux fois c'est de la fleur, Dauvid", dis-je. "Fulish n'est pas le bon choix pour ça."

"Il y a eu des ennuis parmi eux à propos de la course à pied ; et Sandy, comme un vieux garçon, avait sauté sur ce qu'il pouvait faire", a poursuivi Dauvid, sans se soucier de ce que j'ai dit. "Sandy est juste en train de faire du fitba' et' harryin' et sic comme des stratagèmes. Weel-a-weel, Pottie Lawson et deux-trois mair d'eux ont demandé à Sandy de faire un wadger o' five bob qu'il ferait trois miles en vingt-cinq minutes hors des Sables, et ils me disent que Sandy s'est entraîné deux fois trois fois. Pour faire court, Bandy Wobster m'a donné les détails, la course s'est déroulée le soir. Sandy s'est déshabillé au deuxième slippie sur les Sands là-bas. Il ne portait que son sark intérieur, et ses tiroirs, et une paire de pantoufles, et il s'est mis à courir vers les cibles et à revenir. Il n'était pas là quand tous ces sales diables - dont je ne devrais pas leur donner un nom - se sont rassemblés dans les portes de Sandy et se sont mis en route, laissant Sandy se débrouiller du mieux qu'il pouvait. " Bandy Wobster a donné les articles à Nathan au robinet de la rue et lui a dit qu'il les avait achetés sur les Sables. "

"Mais que sera Sandy ?" dis-je.

"C'est bien plus que ce que je peux dire, Bawbie; mais j'irai chercher la maîtresse, et elle surveillera le magasin jusqu'à ce que nous quittions les Sables pour voir si nous pouvons tomber avec lui," dit David.

Dauvid est parti chercher Maîtresse Kenawee, et j'ai monté les escaliers jusqu'au grenier pour enfiler mon bonnet, emportant les affaires de Sandy avec moi. La réserve est un', quand je regarde dans le grenier, voici le puits de lumière ouvert, et deux jambes longues et skranky, avec une paire de bougres au bout d'eux, wammlin' en marche comme deux serpents à sonnettes essayant d'atteindre le fluir. J'ai jeté les vêtements, à la porte, et je les ai envoyés à moi. Je suis resté près de la porte, juste pour voir ce qui se passerait. Sandy atterrit cloit doon sur le flure, et s'assit en suant, et en pechin, et en se saluant en fait. Quelle image il nous présente ! Je ne peux pas vous dire ce qu'il a dit. Il y avait beaucoup de mots parmi eux, ce n'est pas le cas dans le dictionnaire ; et je peux vous le dire, si Pottie Lawson et Bandy Wobster obtiennent la moitié de ce que Sandy leur a promis, dans ce monde comme dans l'autre, ils n'auront pas besoin de trouver bien loin un logement.

"Mec, si tu avais la cervelle d'un coq", je l'ai entendu dire jusqu'à lui, "vous m'avez dit qu'ils devaient vous faire une farce. Vous vous moquez, une douzaine de gozlin'", dit-il ; et il s'est pris un skelp sur le côté de la heid avec son luif ouvert qui le portait presque sur son dos. Dans son titubement, ses pieds chatouillaient ses claes, et il les rassemblait, et il avait l'air assez abasourdi. Il leur a mis un ' ; un gynécologue, qu'en penses-tu ? Puir Sandy s'est assis et a serré les mains, et je l'ai entendu dire : "Je suis un affreux eedeit, une pure provocation pour moi, ça m'appartient ! mais si on me pardonne ça Je vais essayer de faire mieux aujourd'hui, et je donnerai à Pottie Lawson une tuerie qu'il n'oubliera pas de sitôt . "

Juste à ce moment-là, Maîtresse Kenawee crie dans l'escalier : "Es-tu là, Bawbie ?" et j'ai dû y aller . Je leur ai dit que Sandy était devenue riche. Dauvid veut qu'on le voie. Mais, non , non ! Je garde pour moi ce que je connais de l'histoire de Sandy ; et, puir cratur, j'étais vraiment désolé pour lui. Il s'est lancé dans une sorte de démence du sabbat ; et l'après-midi, je suis tombé sur lui dans l'arrière-boutique, dansant sur le robinet d' une recherche de café et disant : "Vous allez braconner cet hiver, vous--" un Ainsi de suite.

Entre toi et moi, il n'y aura pas de bavardage de plâtre collant qui dira Pottie si Sandy met ses doigts sur lui.

"Oui, tu es venu sans discuter le Setarday nicht, Sandy", dis-je, dis-je, à l'heure du petit-déjeuner le matin du Munanday, parce que j'ai bien vu qu'il voulait qu'il en parle.

"Je ferai le chappin' quand j'aurai attrapé Pottie Lawson", dit Sandy. "Mais je vais te dire ceci, Bawbie ; quand je jouais près du roppie, en essayant d'avoir du jambon, c'est comme ça, j'ai pensé deux-trois fois où je me suis plongé dans l' eau , et" J'étais si en colère et honteux. Mais, mec, j'ai couru à travers les jardins, sans que personne ne le voie, et je suis monté par le puits de lumière, Bawbie, je n'ai jamais été gladder. que quand je vais me promener sur mes huttes sur le grenier du grenier. Mais, comme le dit Rob Roy, il y a un jour où je rekinin et, par faigs, il y aura des gens qui feront enlever le sol. " leurs vestes quand ça arrive, ou je ne m'appelle pas Si Bowden ! "

XIX.
SANDY VENGEÉE.

Je vous racontais le caprice de Sandy dans les Sables, quand Bandy et Pottie Lawson se sont moqués de lui. Nous n'avions jamais vu d'allusions ni de cheveux à leur sujet ici sans syne ; et je suis sûr qu'ils sont une bonne reddance. Mais qu'est-ce qui devrait arriver dans la lessive, c'est autre chose que Pottie ! Il avait demandé à Dauvid Kenawee de parler à Sandy, et il avait semé la chose d'une manière ou d'une autre, et il était là de nouveau, aussi vif qu'une abeille. Mais Sandy n'était pas aussi simple que ça. Il n'a pas dit "muckle", mais je vais lui donner un message négatif le jour de Teysday nicht qu'il n'oubliera pas de sitôt - Maîtresse Mollison non plus.

Attention, je ne pensais pas que Sandy était si profonde. C'était un truc génial. Sandy était déterminé à payer Pottie avec sa propre pièce, et il avait demandé à Bandy Wobster de collaborer avec lui pour donner à Lawson un vol plus riche.

Il y a eu une grande réunion dans la salle de lavage qui n'a rien à voir avec la peur ; et après un moment, Bandy a commencé à parler de mismirizin et de phrénologie, et ce genre de choses. Bandy a raconté certains de ses exploits en mettant en doute les marins, et a commencé à montrer ses pouvoirs sur Sandy. Sandy était tout à fait ouverte à lui permettre de s'essayer ; alors Bandy dit : "Est-ce que l'un de vous, les gars, a un peu de twa-shilliny ?"

Il y a eu beaucoup d'hostilités et de griffades à cette question, un garçon qui regardait sa fille au point de dire : "Je n'ai rien d'autre que des demi-souverains dans le noo."

"Je peux vous donner de l'argent en cuivre, si cela ne vous sert à rien", dit Stumpie Mertin, remontant son arme jusqu'à l' Elbe dans son chien de culotte.

Il y eut un éclat de lancement à cela, et Sandy dit, en pointant du doigt son frisson, "Moins de bruit, les gars, de peur que ses pinces ne nous entendent." Il pensait peu que ses coups — c'était moi, bien sûr — étaient au vent et entendaient chaque mot. Je pense que moi, ma Carlie, ses morsures vont te faire entendre quelque chose d'ici peu qui va te serrer les oreilles, salaud.

Il n'y avait pas grand-chose à trouver, alors Bandy a dû prendre le couvercle d'une bouteille chérie et en tirer le meilleur parti.

"Non, Sandy", dit-il, "saisissez juste ce truc fermement entre votre doigt et votre toom, et regardez-le aussi fort que vous le pouvez. Ne faites pas un clin d'œil ou ne regardez pas; et, vous les gars, taisez-vous. Non, à bientôt ! "

Sandy a pris le couvercle de la bouteille, s'est assis avec lui dans la main et l'a regardé comme s'il regardait vers un mur. Et les billies étaient assis là à regarder Sandy, et Bandy s'est mis en colère, jouant des cabrioles avec ses armes et dansant comme un homme idiot. Vous les avez attachés tous avec une ficelle, ils étaient attachés aux câpres de Bandy. Il est parti au bout d'un moment et a caressé la tête de Sandy, il dit d'une voix de charbonnier : "Dors, dors."

"Il est libre", dit Bandy en se tournant vers les autres. Ils étaient assis avec leurs meuglements grands ouverts, et ils étaient beaucoup plus confus que Sandy, je pense.

Bandy a saisi Sandy par les frissons et l'a relevé sur ses pieds ; et il est resté là, avec ses ailes fermées et ses armes et ses jambes articulées comme s'il trempait d'eau. Bandy a levé la tête et a ouvert l'œil avec ses doigts, et il y avait Sandy juste comme Dominy Sampson dans le musée.

"Non", dit Bandy, "nous allons toucher sa bosse de lancement" ; et il a donné à Sandy un coup de poing sur la tête avec son doigt, et Sandy s'est mise au lancement, vous n'avez jamais entendu parler de cela.

"Arrêtez-le, Bandy", dit Stumpie Mertin, très excité, "ou il lancera son henderend."

"Peece, vil esclave, ou je te dékappytate avec mon skittimir", dit Sandy en lançant un regard noir à Stumpie.

"Il pense qu'il est le Shaw o' Persha", dit Bandy en doigtant les cheveux de Sandy.

Ici, Sandy s'est mise à la salutation et a gratifié quelque chose d'effrayant.

"Bénis-moi", dit Dauvid Kenawee, "je n'ai jamais vu ça. Est- ce qu'il dort vraiment ?"

"Dès qu'on tape", dit Bandy, et il a touché Sandy à nouveau et a arrêté le message d'accueil. "Non, nous verrons quel genre de travail il ferait en faisant un discours lors d'une réunion de paroisse", a poursuivi Bandy ; » et il a donné une gifle à Sandy et lui a dit : « Non, Maître Bowden, nous sommes à une réunion de paroisse, et vous êtes pour le Conseil. Il y a Pottie Lawson dans le fauteuil, et c'est à votre tour de parler non. Je vous entends leur donner une bonne chape sur les sujets du jour.

Sandy s'est un peu penchée, a avalé un crachat, et a trébuché pour rien, a commencé : « Mester Président... » Il a lancé à Pottie un regard noir qui l'a frappé de près sur la boîte sur laquelle il était assis. "Mester Président", dit-il, "nous sommes réunis pour nous rencontrer en tant que contribuables. Si vous voulez un conseiller de premier ordre, je suis votre homme. En ce qui concerne cette bisness noo Kirkyaird, je pense que c'est ridicule de passer les bawbees du toon à acheter de la terre pour les gens qui ne sont pas bons. Il y a suffisamment de temps pour chercher de la terre à enterrer quand les gens s'enterrent, juste comme ils veulent. et non, je vais baigner les contribuables qui les cherchent. Nous devrons prendre notre petit-déjeuner au Toon Cooncil d'ici peu, et les tarifs augmenteront, c'est juste comme ça. « Les choses se passent » de nos jours, des naissances jusqu'aux enterrements. Mais j'entends un grand nombre de mes auditeurs crier : « Qu'en est-il du Vieux Kirk ? Eh bien, c'est une autre question. Je pense que plus le vieux Kirk s'en prend au couple, mieux c'est. Nous avons beaucoup de pauvres qui n'en ont pas besoin . toi et moi si nous avions besoin des pairis. Qu'en pensez-vous ? Et puis il y a le mur du toon et l'herbir, il n'y a pratiquement pas d'eau dans chacun d'eux. adolescent, et il n'y a rien d'autre que de l'eau dans la dîme. Mais mibby, s'il n'y avait pas de permis ou deux sur le rivage, il y aurait peut-être plus de trafic dans l'herbir. Ils ont pu être élevés comme du bétail, même s'ils étaient à moitié prêts à boire et à baver ensemble.

Bandy a touché Sandy ici, et il s'est arrêté, et les gars ont applaudi dans leurs mains.

Ensuite, Bandy a touché Sandy ici et là, et vous n'avez jamais vu ça. Il a mangé une canette d'un sou, et a bu une demi-bouteille d'encre, et je ne pourrais pas vous dire quoi. Les billies avaient l'air d'avoir du gin, ils étaient terrifiés par Sandy, quand je l'ai remarqué faire un petit clin d'œil à Bandy en catimini ; et j'ai vu que Sandy n'était pas plus méprisée que moi.

"Il n'y a personne ici à Sandy qui ait de la mauvaise volonté", dit Bandy; "Nous verrons à quoi ressemble sa bosse fechtin' wirks." Avec cela, il lui a donné une touche après la patte, et Sandy s'est allongée sur lui en un clin d'œil. "Je ne le touche pas, sinon il vous en donnera", dit Bandy; et les billies se sont enfuis jusqu'à l'autre bout du panier à linge.

Et soudain Sandy grippit et un vieux coq qui gisait sur la chaudière, et rugissant, " Whaur's Pottie Lawson, et je vais lui couper le souffle jusqu'à lui, " il s'enfuit vers la porte. . Vous n'avez jamais vu une bousculade ou une fuite. Stumpie Merlin a plongé par-dessus le canapé, et Dauvid Kenawee a sauté sur la chaudière et s'est appuyé sur le couvercle comme bouclier. Pottie était sur le point d'être frappé à la porte lorsque Sandy l'a saisi par le poignet. Mais Pottie sauta hors de son manteau - ce n'était pas mal de se faire enlever, son enfant - et partit dans le hangar et il pouvait s'enfuir, avec Sandy à sa queue, faisant tournoyer le hewk autour de sa tête, et hurlant comme le méfait même. Bandy et les autres ont fui après Sandy. Pottie a pris la digue du jardin à Ae Loup, et l'a atterri sur le dos de Maîtresse Mollison, et l'a envoyée au milieu d'une grande partie de l'échelle de Jacob lorsqu'elle a grandi dans son jardin.

Elle est allée proprement, et s'est simplement allongée et a rugi jusqu'à ce que son homme vienne et l'aide à entrer dans le hoose.

"Oh, c'est le diable qui fuit après quelqu'un", dit-elle. "Et il a un vieux hewk dans sa main, et j'ai vu les étincelles de fées fuir sous sa queue. Et il y a environ seize cents autres diables à ses trousses."

Sur la cheminée, Pottie crie « Pileece », « Meurtre », « Au secours », avec Sandy à ses trousses, et l'autre à moitié étourdi le suit, péchant comme les pownies des cadgers. Pottie est entré dans la cave à charbon de Stumpie Mertin et a verrouillé la porte de l'intérieur. Sandy a frappé à la porte et Pottie a crié comme un chat sauvage. Sandy est revenue et a rencontré les autres billies , et, les arrêtant, leur a dit qu'il n'était pas plus méconnu qu'eux. "Je veux donner une chance à Pottie, et je pense qu'il n'y est pas parvenu", dit-il. " Lui et moi, c'est carré, non."

Ils retournèrent à la cave de Stumpie, et cette fois, il y avait vingt hommes et deux en groupe autour de la porte.

" C'est Pottie Lawson, fou," dirent les gars au pileece. "Il mousse au meuglement."

Après une terrible activité, ils ont fait sortir Pottie de la cave et à la maison ; et je crois qu'on ne le reverra plus jamais en train de faire sa lessive ; et je suis sûr que je ne vais pas me briser le cœur.

Mais à propos de la canette et de l'encre, vous, le mibby enrouleur, Sandy, avez voulu les frapper. Je suis entré et j'ai senti l'encre. C'était de l'eau sucrée, et la bougie avait été coupée d'un morceau et posée juste là où elle était pratique.

Vous n'avez jamais entendu sic se lancer car il y a eu du péché dans l'histoire eekit oot. Sandy a eu des pillydakus parmi eux, non, et ils pensent qu'il a payé des intérêts composés à Pottie. Cela a rendu Pottie plus craintif que jamais ; on me dit qu'il cherchait un boulot au Freek bleechin', pour s'éloigner du toon depuis un moment.

XX.
LES APOLOGIE DE SANDY.

"Es-tu là, Sandy ? Sandy, es-tu là ? Sandy ! Je ne sais pas où sera cet homme ? Il s'en ira et quittera le magasin ouvert sur la rue, comme si c'était un étable, un " Ne pense jamais à rien à ce sujet ! Tu es là, Sandy ?" J'ai entendu Bawbie dire dans son lit l'autre matin.

"Oui, je suis là", dis-je. "Pourquoi hurlez-vous ? Que voulez-vous ? J'ai dû aller à la cave pour chercher des tatouages chez Maîtresse Hasties. Qu'est-ce que vous vouliez ?"

"Vous voyez, regardez ! Vous pourriez caresser la marmite sur le feu là-bas, et réchauffer ce brue drappie pottit-hoach ; et vous l'apporterez à Mary Emslie", a déclaré Bawbie. "Puir cratur, elle a eu sa mort pour une raison ou une autre, et je pense qu'elle a frappé son bébé; car quand j'étais là-bas hier, la petite chose était presque fermée ensemble. Juste la pauvre bête dans le flacon, Sandy, et ouvre le deuxième tiroir de langue là-bas, et tu auras quelques morceaux de choses ramées ensemble, et emporte-les avec toi et donne-les à Mary. bittie sur la commode là-bas, et je le remarquerai si quelqu'un entre dans le magasin, et je lui dirai de rester un clin d'œil jusqu'à ce que vous veniez chez Mary, Rin noo, Sandy, et je parlerai à Mary si elle a des charbons. et des bâtons, et dis-lui de garder un bon feu, Puir cratur ! »

« Mary va beaucoup mieux ce jour-là, pense-t-elle, Bawbie », dis-je en revenant ; " et elle m'a dit que l'infirmière avait été en train de remonter son hoquet jusqu'à elle, et de sortir l'enfant. Puir cratur, elle est vraiment reconnaissante quand je lui ai donné les morceaux de choses pour le litlan ; et " Elle m'a dit de vous remercier. Elle était terriblement excitée quand je lui ai dit que vous n'étiez pas capable de vous lever la journée, et comment, vous irez mieux demain matin. "

"Je pense que je vais mieux, mais je suis encore très léger", dit Bawbie. "Tu pourrais prendre la plume et l'encre, Sandy, et envoyer un péritel ou un twa aux corps des présentateurs. Je viens de dire que j'ai pris une sorte de dwam, mais que je serai probablement à nouveau riche dans un moment." Un jour ou deux. Et je verrai et je surveillerai votre orthographe. Certains des gens sont prêts à vous battre, il suffit de me jeter un coup de main, et je vous donnerai un coup de main.

"C'est plus que ça, Bawbie, je vais faire ça," dis-je. "Non, j'essaie juste de dormir un moment, et j'irai au magasin ce soir et j'écrirai un écrit pour toi. ".

Alors non, quand j'en aurai l'occasion, je ferai mieux de mentionner que Bawbie a eu une terrible recherche dans le forenicht hier, et qu'elle ne s'est presque jamais retrouvée dans un e'e de peur que rien. Et moi non plus, pour cette paire-là, car elle s'est évanouie toute la nuit, et je pourrais m'évanouir. Mais je n'ai rien dit, car je suis coupable, même si je n'ai jamais eu l'impression que quelque chose s'était passé.

Bawbie était juste là pour prendre sa tasse d'Eternune hier, et j'étais en train de gratter la pipe de ma pipe au coin de la chumla, quand elle s'est défectueuse et est sortie de là . Je socht heich an' laich pour ça, mais na , na; on ne pouvait pas l'obtenir. Je pensais que c'était parti dans le feu. Mais c'est mon avis non, il est tombé dans la théière de Bawbie ! Elle disait : "Ce thé a un goût bizarre et distrait, Sandy. Quel peut être le problème ?" Je n'ai jamais pris de thocht ; mais quand Bawbie est tombé chercher, et 'groo as white's a penny lafe, je me dis : "C'est ton truc, Sandy Bowden !" Mais je ne fais jamais de clin d'œil ; car, gardez-moi, si Bawbie avait Kent, j'aurais tout aussi bien pu m'en aller et dormir sur les Sables pendant les deux ou trois prochaines nuits. C'est une amie au grand cœur ; mais, mec, elle se retrouve dans des moments horribles, et elle n'est plus à portée de main ni à lier quand elle se lève. Mais pour le bien de tous, je ne disais rien.

Bawbie est un affreux cratur pour parler aux gens de moi et de mes ongaens. Eh bien, il y a beaucoup de vérité dans ce qu'elle dit, je dois l'admettre ; même si elle fait un tas de vacarme juste à propos de deux-trois kyowows, noo-an'-than. Je ne sais pas, c'est ava , je ne peux pas m'aider parfois. Mec, les idées les plus stupides me prennent par la tête - juste comme un charcutier saisissant un mouton par les cornes - et, fais ce que je veux, je ne peux pas me libérer de leurs emprises.

Par exemple, j'ai été emmené au Brae Juist l'un ou l'autre nicht, et le pêcheur de l'église se tenait à la porte de l'église.

"Voudriez-vous attendre dans l'église pendant dix minutes jusqu'à ce que je sois en quête d'un puits de bissam ?" dit-il. "J'ai cassé mon ane."

"Oo, oui", dis-je; "Je ferai ça."

Eh bien, mec, je n'étais pas encore dans l'église quand j'ai enroulé ce qui ressemblait à sa taille à côté de Gayneld Park, et je pensais que je verrais si je pourrais faire plusieurs fois le tour autour d'elle en cinq minutes. J'ai boutonné mon manteau, j'ai regardé l'heure, puis j'ai aménagé un passage, j'ai monté sur la plate-forme, j'ai parcouru l'autre passage, j'ai traversé le hall, et ainsi de suite. J'étais sur le point de me sentir quand, en balayant une des portes, je suis venu heurter à nouveau le ministre, et je l'ai envoyé tourner au milieu du hall, et la plaque de collecte dans son bœuf. .

"Au nom du bon sens, qu'est-ce qui vous arrive ?" dit-il en se levant et en secouant le sol pour lui faire tomber son chapeau.

"Mec, tu devrais rester à l'écart", dis-je, oubliant pour le moment où j'étais. "J'essayais de battre le record."

"Battre le record!" dit-il dans un effervescence des plus terribles. "S'il n'y avait pas les lois du pays, je te casserais la tête."

Mec, la passion du sacket était Raley Veeshis. Il crachait régulièrement des mots ; et, faigs, je suis en train de baigner mes nivs et de le garder à l'œil sur lui, de peur qu'il ne me tamponne.

Juste à ce moment-là, le kirk of fisher est entré, et le ministre s'est retourné, et il s'est tourné vers moi, il avait peur, il a dit quelque chose jusqu'à lui, et je les ai entendus craquer pour me faire monter dans un taxi. J'ai vu en un clin d'œil ce qu'ils faisaient.

"Vous n'avez pas besoin de vous baigner dans un taxi", dis-je. "Je suis plus intelligent que les deux que vous mettez ensemble; alors gardez vos bites. Gude-nicht", dis-je; et sur les marches avant, je suis allé, trois à la fois, et hame.

Le Beathel est venu avant de venir chez nous, et a vu ce qui s'était passé dans le monde.

"J'étais justement en train d'arriver à la porte de l'église", dis-je, "quand le ministre est venu me voir à nouveau." Je n'ai pas mentionné "je rinnin". "Le cratur s'est écrasé dans la grippe", dis-je, "comme s'il avait reçu une balle ; et puis, pour se moquer de moi, je suis stupide ! Avez-vous déjà entendu cela ?"

Le pêcheur de Kirk s'est mis en route, s'est griffé la tête et a dit jusqu'à lui-même : « Eh bien, ça fout vraiment la merde. Il y a un autre trois o qui n'est pas très bientôt dans le robinet, sûrement ; et que ce soit moi ou non, je ne peux vraiment pas faire de bruit.

Mais ce que je veux que vous voyiez, c'est que je fais des choses stupides parfois, je ne sais pas très bien. Je ne peux pas vous dire de quoi ça vient. Est-ce qu'un seul d'entre vous, les gars, a déjà eu des sentiments comme ça ? Mec, je m'ai vu parfois aller à l'église avec Bawbie, habillé avec mon sirtoo et mon lum, et mes gants et mon mouchoir de poche, et un truc comme snod, c'est un peu de thripenny noo, et , tout d'un coup, je devrais caresser ma langue entre mes dents, et saisir mon parapluie comme si j'avais envie de le caler, juste pour me garder à l'abri d'un Flepy ou d'un Catma au milieu sur la route parmi les Kirk Fowk, son chapeau, sirtoo, et tous ensemble. Que pouvez-vous faire de pareil ou de cela ? J'ai parfois l'impression que je n'ai jamais été censé me comporter correctement ; et pourtant je suis raisonnable de faire les choses les plus terribles et les plus stupides. C'est un mystère pour moi, et c'est un truc de merde pour Bawbie. Mais que pouvez-vous faire ? Vous ne pouvez pas obtenir de médicaments pour ce genre de maladie ! Comme le dit Bawbie, je ne me comporterai jamais avant d'être tué ; et en réalité, je ne suis pas très sûr de moi-même, même après cela. Je sais que c'est un travail épouvantable pour Bawbie de penser à mes ongaens ; mais, en même temps, si ce n'était pas moi, les femmes les plus proches et ses épouses n'auraient rien pour faire un molligrant à propos d'ava. Comme le dit la Bible, nous avons peur et nous sommes faits, et, je suppose, nous devons juste tirer le meilleur parti possible.

LA FIN.